ROMANOS

ESTUDOS BÍBLICOS MACARTHUR

ROMANOS

ESTUDOS BÍBLICOS MACARTHUR

GRAÇA, VERDADE E REDENÇÃO

JOHN MACARTHUR

As citações bíblicas são da Nova Versão Internacional, da Bíblica, Inc. a menos que seja especificada outra versão da Bíblia Sagrada.

Tradução	Bruno Saadi
Produção editorial	Fabiano Silveira Medeiros
Copidesque	Victoria Arrais
Revisão	João Arrais e Talyta Guimarães
Design de capa	Rafael Brum
Projeto gráfico e diagramação	Tiago Elias

Dados Internacionais de Catalogação na Publicação (CIP)
(BENITEZ Catalogação Ass. Editorial, MS, Brasil)

M112r
1.ed. MacArthur, John
Romanos : graça, verdade e redenção / John MacArthur ; tradução Bruno Saadi. – 1.ed. – Rio de Janeiro : Thomas Nelson Brasil, 2025.

128 p.; 15,5 x 23 cm.

Título original: Romans: grace, truth and redemption.
ISBN 978-65-5689-638-0

1. Bíblia. N.T. Romanos – Comentários. 2. Bíblia. N.T. Romanos – Crítica e interpretação. 3. Bíblia. N.T. Romanos – Teologia. I. Título.

11-2024/52 CDD 227.106

Índice para catálogo sistemático

1. Romanos : Epístolas de Paulo : Comentários 227.106

Aline Graziele Benitez – Bibliotecária - CRB-1/3129

Os pontos de vista desta obra são de responsabilidade de seus autores e colaboradores diretos, não refletindo necessariamente a posição da Thomas Nelson Brasil, da HarperCollins Christian Publishing ou de suas equipes editoriais.

Rua da Quitanda, 86, sala 601A - Centro,
Rio de Janeiro/RJ - CEP 20091-005
Tel.: (21) 3175-1030
www.thomasnelson.com.br

SUMÁRIO

INTRODUÇÃO A ROMANOS

O nome dessa epístola vem de seus destinatários: os membros da igreja em Roma, a capital do Império Romano.

AUTOR E DATA

Não há dúvidas de que o apóstolo Paulo escreveu Romanos. Ele era da tribo de Benjamim (Filipenses 3:5), assim como seu homônimo Saul, o primeiro rei de Israel (*Saulo* era o nome hebraico de Paulo; *Paulo*, seu nome grego). Além disso, era cidadão romano (Atos 16:37; 22:25). Nasceu aproximadamente na época em que Cristo nasceu, em Tarso, importante cidade (Atos 9:11; 21:39) na província romana da Cilícia, localizada na Ásia Menor (atual Turquia). Ele passou grande parte de sua juventude em Jerusalém como aluno do famoso rabino Gamaliel (Atos 22:3). Assim como seu pai, Paulo era fariseu (Atos 23:6), membro da seita judaica mais rigorosa (Filipenses 3:5).

Convertido miraculosamente enquanto estava a caminho de Damasco (por volta de 33-34 d.C.) para prender cristãos naquela cidade, Paulo começou de imediato a proclamar a mensagem do evangelho (Atos 9:20). Após escapar com vida por um triz de Damasco (Atos 9:23-25; 2 Coríntios 11:32-33), passou três anos na Arábia Nabateia, ao sul e leste do Mar Morto (Gálatas 1:17,18). Durante esse tempo, recebeu grande parte de sua doutrina como revelação direta do Senhor (Gálatas 1:11,12).

Mais do que qualquer um, Paulo foi responsável pela disseminação do cristianismo em todo o Império Romano. Ele realizou três viagens missionárias através de grande parte do mundo Mediterrâneo, pregando incansavelmente o evangelho que uma vez tentou destruir (Atos 26:9). Depois que voltou para Jerusalém levando uma oferta para os necessitados daquela igreja, foi falsamente acusado por alguns judeus (Atos 21:27-29), espancado violentamente por uma multidão furiosa (Atos 21:30-31) e preso pelos romanos. Embora dois governadores romanos, Félix e Festo, assim como Herodes Agripa, não o considerassem culpado de crime algum, a pressão dos líderes judaicos manteve Paulo sob custódia romana. Depois de dois anos, o apóstolo exerceu seu direito como cidadão romano e apelou juridicamente para César. Em uma viagem tumultuada (Atos 27 e 28), incluindo uma tempestade violenta de duas semanas no mar que culminou em naufrágio, Paulo chegou a Roma. Mais adiante, foi solto para um breve período de ministério, mas depois foi preso novamente e sofreu o martírio em Roma por volta de 65-67 d.C. (2Timóteo 4:6).

Embora não apresentasse fisicamente nada de impressionante (2Coríntios 10:10; Gálatas 4:14), Paulo tinha uma força interior concedida pelo poder do Espírito Santo (Filipenses 4:13). A graça de Deus se mostrou suficiente para suprir todas as suas necessidades (2Coríntios 12:9-10), permitindo que esse nobre servo de Cristo concluísse sua carreira espiritual com sucesso (2Timóteo 4:7).

Paulo escreveu a Carta aos Romanos na cidade de Corinto, como é indicado pelas referências a Febe (Romanos 16:1, Cencreia era o porto de Corinto), Gaio (Romanos 16:23) e Erasto (Romanos 16:23), todos associados a Corinto. O apóstolo a escreveu no final de sua terceira viagem missionária (provavelmente em 56 d.C.) enquanto se preparava para partir à Palestina com uma oferta aos crentes mais necessitados da igreja de Jerusalém (Romanos 15:25). Febe recebeu a grande responsabilidade de entregar essa carta aos crentes romanos (Romanos 16:1-2).

ANTECEDENTES HISTÓRICO-CULTURAIS

Roma era a capital e a cidade mais importante do Império Romano. Foi fundada em 753 a.C., mas não é mencionada nas Escrituras até os tempos do Novo Testamento. Roma está localizada às margens do rio Tibre, a aproximadamente 24 quilômetros do Mar Mediterrâneo. Até um porto artificial ser construído em Óstia, nas proximidades, o principal porto de Roma era Putéoli, a mais ou menos 241 quilômetros de distância. Durante o tempo em que Paulo viveu, Roma tinha mais de um milhão de habitantes, incluindo uma grande quantidade de escravos. A capital romana ostentava prédios magníficos, como o palácio do imperador, o Circo Máximo e o Fórum, mas sua beleza era prejudicada pelos casebres em que muitos viviam. De acordo com a tradição, Paulo foi martirizado fora de Roma, na Via Ostiense, durante o reinado de Nero (54-68 d.C.).

Algumas pessoas salvas no Dia de Pentecoste provavelmente fundaram a igreja em Roma (Atos 2:10). Paulo ansiava visitá-la, mas fora impedido de fazê-lo (1:13). Na providência de Deus, o impedimento de visitar Roma deu ao mundo essa obra-prima inspirada por Deus sobre a doutrina do evangelho.

O objetivo principal de Paulo ao escrever aos romanos era ensinar as grandiosas verdades do evangelho da graça aos crentes que nunca haviam recebido instrução apostólica. Além disso, a carta o apresentou a uma igreja onde ele não era conhecido pessoalmente, mas que esperava visitar em breve por diversas razões importantes. Entre essas razões estavam: edificar os crentes (1:11), pregar o evangelho (1:15) e conhecer os cristãos em Roma para que pudessem encorajá-lo (1:12; 15:32), orar por ele com mais eficácia (15:30) e ajudá-lo em seu planejado ministério na Espanha (15:28).

Ao contrário das outras epístolas de Paulo (p. ex., 1Coríntios, 2Coríntios e Gálatas), o propósito dele em escrever Romanos não foi corrigir uma teologia defeituosa ou repreender comportamentos pecaminosos. A igreja de Roma estava correta quanto à doutrina, mas, como todas as igrejas, precisava do profundo ensinamento doutrinário e prático que essa carta oferece.

TEMAS TEOLÓGICOS E HISTÓRICOS

Uma vez que Romanos é, principalmente, uma obra doutrinária, contém pouco material histórico. Como ilustrações, Paulo usa figuras familiares do Antigo Testamento, como Abraão (cap. 4), Davi (4:6-8), Adão (5:12-21), Sara (9:9), Rebeca (9:10), Jacó e Esaú (9:10-13) e Faraó (9:17). Também relata parte da história de Israel (caps. 9—11). O capítulo 16 fornece vislumbres esclarecedores sobre a natureza e o caráter da igreja do primeiro século e de seus membros.

O tema principal de Romanos é a justiça que vem de Deus: a gloriosa verdade de que, somente pela graça e mediante a fé em Cristo somente, Deus justifica pecadores culpados e condenados. Os capítulos 1 a 11 apresentam as verdades teológicas dessa doutrina, enquanto os capítulos 12 a 16 detalham sua aplicação prática na vida individual dos crentes e da igreja como um todo. Alguns tópicos teológicos específicos incluem princípios de liderança espiritual (1:8–15); a ira de Deus contra a humanidade pecadora (1:18-32); princípios do julgamento divino (2:1-16); o alcance universal do pecado (3:9-20); uma exposição e defesa da justificação somente pela fé (3:21—4:25); a segurança da salvação (5:1–11); a transferência do pecado de Adão (5:12-21); santificação (caps. 6—8); eleição soberana (cap. 9); o plano de Deus para Israel (cap. 11); dons espirituais e piedade prática (cap. 12); a responsabilidade do crente para com as autoridades (cap. 13) e princípios da liberdade cristã (14:1—15:12).

OBSTÁCULOS À INTERPRETAÇÃO

Como obra doutrinária principal do Novo Testamento, é de esperar que a Carta aos Romanos contenha alguns trechos difíceis. A discussão de Paulo sobre a perpetuação do pecado de Adão (5:12-21) é um dos trechos teológicos mais profundos e complexos de toda a Escritura. A natureza da união da humanidade com Adão e o modo de transmissão do pecado de Adão para a raça humana sempre foram objetos de intenso debate. Os estudiosos da Bíblia também discordam se 7:7-25 descreve a experiência de Paulo como crente ou descrente, ou se é um recurso literário e sem a intenção de ser autobiográfico. As intimamente relacionadas doutrinas da eleição (8:28-30) e da soberania de Deus (9:6-29) têm confundido muitos cristãos. Outros questionam se os capítulos de 9 a 11 ensinam que Deus tem um plano futuro para a nação de Israel. Alguns ignoraram o ensino de Paulo sobre a obediência do crente às autoridades (13:1-7) em nome do ativismo cristão, enquanto outros o usaram para defender a obediência servil a regimes totalitários. Alguns desses desafios interpretativos serão abordados nas próximas lições.

ANOTAÇÕES

1

A BOA NOTÍCIA

ROMANOS 1:1-17

ABORDANDO O TEXTO

Quando e onde você ouviu pela primeira vez o evangelho, a boa notícia de que Jesus nos ama e morreu pelos nossos pecados?

....

....

....

O que há de tão "bom" na boa notícia do evangelho?

....

....

....

....

Ao começar este estudo, o que você quer aprender sobre a Carta aos Romanos? De que maneira deseja crescer espiritualmente por meio deste estudo?

....

....

....

CONTEXTO

Jornais e noticiários constantemente nos lembram que a maior parte das notícias é ruim e parece sempre piorar. O que acontece em nível nacional e mundial é apenas a ampliação do que ocorre em nível individual. Conforme os problemas, conflitos e medos pessoais dos indivíduos crescem, esses mesmos dilemas tendem a se refletir na sociedade em geral, ampliando-se coletivamente. Um poder aterrorizante toma conta dos seres humanos no núcleo mais profundo de seu ser. Quando incontrolado, ele os empurra para a autodestruição de uma forma ou de outra. Esse poder é o pecado, e isso sempre será uma má notícia. As poucas notícias boas costumam servir como meras pequenas pausas entre notícias ruins. E, às vezes, o que parece ser bom esconde um mal. Uma pessoa cínica comentou que tratados de paz simplesmente fornecem tempo para que ambas as partes se rearmem e se preparem para um próximo conflito.

A essência da carta de Paulo aos Romanos, no entanto, é que há uma boa notícia que é realmente boa! O apóstolo era, na verdade, "um ministro de Cristo Jesus para os gentios, com o dever sacerdotal de proclamar o evangelho de Deus" (Romanos 15:16). Ele trouxe a boa notícia de que, em Cristo, o pecado pode ser perdoado, o egoísmo, superado, a culpa, removida, a ansiedade, aliviada e as pessoas podem, de fato, ter esperança e glória eterna.

O objetivo central da Carta aos Romanos é resumido nos primeiros sete versículos. O apóstolo parecia estar tão feliz com sua mensagem de boas notícias que não podia esperar para apresentar aos leitores a essência do que tinha a dizer. Ele o fez de imediato.

PRINCIPAIS ELEMENTOS DO TEXTO

Apóstolo: "Pessoa enviada com uma comissão". Refere-se àqueles que foram escolhidos e preparados por Jesus Cristo para proclamar a verdade revelada por Deus nos primeiros anos de estabelecimento da igreja. Em seu uso primário, o termo se aplica aos doze discípulos originais que foram escolhidos no início do ministério terreno de Jesus e separados para lançar os alicerces da igreja primitiva. Eles também receberam poder para realizar curas e expulsar demônios como evidências de sua autoridade divina. Como Paulo não estava entre os Doze, precisava defender seu apostolado. Uma das qualificações era testemunhar o Cristo ressurreto (Atos 1:22). Paulo explicou à igreja de Corinto que, entre a ressurreição e ascensão, Jesus "apareceu a Pedro e depois aos Doze [...]. Depois apareceu a Tiago e, então, a todos os apóstolos; depois destes apareceu também a mim" (1Coríntios 15:5-8). Paulo testemunhou o Cristo ressurreto de uma maneira única quando viajava para Damasco, a fim de prender os cristãos daquela cidade (Atos 9). Mais aparições pessoais de Jesus a Paulo são registradas em Atos 18:9; 22:17-21; 23:11 e 2Coríntios 12:1-4.

Em sentido mais amplo, o termo *apóstolo* também é usado para homens como Barnabé, Silas e Timóteo (Romanos 16:7). Esses homens são mais especificamente chamados de mensageiros (*apostoloi*) das igrejas, enquanto os Doze e Paulo eram "apóstolos de Jesus Cristo". Nenhum desses grupos foi mantido ou reconstituído sucessivamente após a morte de seus membros. Com exceção de Judas (substituído por Matias), não há registro de um apóstolo no grupo primário ou secundário sendo substituído depois de sua morte.

DESVENDANDO O TEXTO

Leia 1:1-17, observando as palavras-chave e definições ao lado da passagem.

ROMANOS 1:1-17

1 Paulo, servo de Cristo Jesus, chamado para ser apóstolo, sepa-
rado para o evangelho de Deus, 2 o qual foi prometido por ele
de antemão por meio dos seus profetas nas Escrituras Sagra-
das, 3 acerca de seu Filho, que, como homem, era descendente
de Davi, 4 e que mediante o Espírito de santidade foi declarado
Filho de Deus com poder, pela sua ressurreição dentre os mor-
tos: Jesus Cristo, nosso Senhor. 5 Por meio dele e por causa do
seu nome, recebemos graça e apostolado para chamar dentre
todas as nações um povo para a obediência que vem pela fé.
6 E vocês também estão entre os chamados para pertencerem
a Jesus Cristo.

servo (v. 1). A palavra grega pode ser traduzida por "servo" ou "escravo" em sentido geral, mas o fato de Paulo se apresentar aqui como "servo" ou "escravo" de Jesus mostra que, nessa apresentação, ele está atribuindo ao vocábulo uma conotação hebraica que transmite a ideia de "serviço voluntário a um mestre amado e respeitado".

separado para (v. 1). Paulo fora separado (i. e., selecionado especialmente) por Deus para o seu ministério aos gentios.

evangelho de Deus (v. 1). A palavra "evangelho" significa "boa notícia".

7 A todos os que em Roma são amados de Deus e chamados para serem santos:

A vocês, graça e paz da parte de Deus nosso Pai e do Senhor Jesus Cristo.

8 Antes de tudo, sou grato a meu Deus, mediante Jesus Cristo, por todos vocês, porque em todo o mundo está sendo anunciada a fé que vocês têm. 9 Deus, a quem sirvo de todo o coração pregando o evangelho de seu Filho, é minha testemunha de como sempre me lembro de vocês 10 em minhas orações; e peço que agora, finalmente, pela vontade de Deus, me seja aberto o caminho para que eu possa visitá-los.

11 Anseio vê-los, a fim de compartilhar com vocês algum dom espiritual, para fortalecê-los, 12 isto é, para que eu e vocês sejamos mutuamente encorajados pela fé. 13 Quero que vocês saibam, irmãos, que muitas vezes planejei visitá-los, mas fui impedido até agora. Meu propósito é colher algum fruto entre vocês, assim como tenho colhido entre os demais gentios.

14 Sou devedor tanto a gregos como a bárbaros, tanto a sábios como a ignorantes. 15 Por isso estou disposto a pregar o evangelho também a vocês que estão em Roma. 16 Não me envergonho do evangelho, porque é o poder de Deus para a salvação de todo aquele que crê: primeiro do judeu, depois do grego. 17 Porque no evangelho é revelada a justiça de Deus, uma justiça que do princípio ao fim é pela fé, como está escrito: "O justo viverá pela fé"

declarado (v. 4). Literalmente, "distinguir ou marcar". Em grego, essa é a palavra da qual vem "horizonte" na língua portuguesa; assim como o horizonte marca claramente a fronteira entre a terra e o céu, a ressurreição marca Cristo como o Filho de Deus que veio em carne.

obediência que vem pela fé (v. 5). A verdadeira fé salvífica sempre produz obediência e submissão ao senhorio de Cristo.

sirvo de todo o coração (v. 9). A palavra traduzida como "sirvo" também pode ser traduzida por "adorar" ou "cultuar".

dom espiritual (v. 11). A palavra grega para "dom" é *charisma*, que significa "favor imerecido", isto é, uma capacitação divina.

devedor (v. 14). Paulo não vê seu ministério como uma opção, mas, sim, como uma tarefa que deve ser cumprida diligente e fielmente em razão do chamado de Deus e da grande necessidade dos gentios.

salvação (v. 16). Nesse versículo, a palavra "salvação" significa libertação ou resgate, neste caso, da perdição, isto é, a separação eterna de Deus.

crê (v. 16). A palavra "crê" significa confiar, depender ou ter fé em algo ou alguém.

1. Quais informações sobre a promessa da boa notícia (v. 2) e sobre a pessoa dessa boa notícia (v. 3-4) são reveladas nesse trecho?

2. Os versículos de 8 a 15 fornecem *insights* interessantes sobre o caráter e as motivações de Paulo, bem como o tipo de comportamento que deve marcar todos os verdadeiros líderes espirituais. Quais são as qualidades admiráveis descritas nesses versículos? (Versículos para análise ou reflexão: 1Tessalonicenses 2:1-3:13.)

3. Quais são as razões que Paulo apresenta para não se envergonhar do evangelho?

CAVANDO MAIS FUNDO

Leia sobre a experiência de Paulo com o evangelho e sua missão ordenada por Cristo para pregar aos gentios. Esse testemunho está em Atos 26.

ATOS 26:1-18

1Então Agripa disse a Paulo: "Você tem permissão para falar em sua defesa". A seguir, Pau-
lo fez sinal com a mão e começou a sua defesa: 2"Rei Agripa, considero-me feliz por poder
estar hoje em tua presença, para fazer a minha defesa contra todas as acusações dos judeus,
3e especialmente porque estás bem familiarizado com todos os costumes e controvérsias
deles. Portanto, peço que me ouças pacientemente.

4"Todos os judeus sabem como tenho vivido desde pequeno, tanto em minha terra
natal como em Jerusalém. 5Eles me conhecem há muito tempo e podem testemunhar,
se quiserem, que, como fariseu, vivi de acordo com a seita mais severa da nossa religião.
6Agora, estou sendo julgado por causa da minha esperança no que Deus prometeu aos
nossos antepassados. 7Esta é a promessa que as nossas doze tribos esperam que se cum-
pra, cultuando a Deus com fervor, dia e noite. É por causa desta esperança, ó rei, que

estou sendo acusado pelos judeus. [8]Por que os senhores acham impossível que Deus
ressuscite os mortos?

[9]"Eu também estava convencido de que deveria fazer todo o possível para me opor ao nome
de Jesus, o Nazareno. [10]E foi exatamente isso que fiz em Jerusalém. Com autorização dos chefes
dos sacerdotes lancei muitos santos na prisão e, quando eles eram condenados à morte, eu
dava o meu voto contra eles. [11]Muitas vezes ia de uma sinagoga para outra a fim de castigá-los
e tentava forçá-los a blasfemar. Em minha fúria contra eles, cheguei a ir a cidades estrangeiras
para persegui-los.

[12]"Numa dessas viagens eu estava indo para Damasco, com autorização e permissão dos
chefes dos sacerdotes. [13]Por volta do meio-dia, ó rei, estando eu a caminho, vi uma luz do
céu, mais resplandecente que o sol, brilhando ao meu redor e ao redor dos que iam comigo.
[14]Todos caímos por terra. Então ouvi uma voz que me dizia em aramaico: 'Saulo, Saulo, por
que você está me perseguindo? Resistir ao aguilhão só lhe trará dor!'

[15]"Então perguntei: Quem és tu, Senhor?

"Respondeu o Senhor: 'Sou Jesus, a quem você está perseguindo. [16]Agora, levante-se, fique
em pé. Eu apareci para constituí-lo servo e testemunha do que você viu a meu respeito e do
que lhe mostrarei. [17]Eu o livrarei do seu próprio povo e dos gentios, aos quais eu o envio [18]para
abrir-lhes os olhos e convertê-los das trevas para a luz, e do poder de Satanás para Deus, a fim
de que recebam o perdão dos pecados e herança entre os que são santificados pela fé em mim'.

EXPLORANDO O SIGNIFICADO DO TEXTO

4. Como o encontro de Paulo com o Cristo ressurreto transformou completamente sua vida e propósito?

....

....

....

5. Leia Filipenses 3:1-7. O que, na vida de Paulo antes de conhecer a Cristo, o teria levado a enxergar a mensagem de Cristo como "boa notícia"?

....

....

....

6. O que motivava Paulo a querer viajar extensivamente e ministrar a outros?

....

....

....

A VERDADE DO TEXTO PARA OS DIAS DE HOJE

Algumas pessoas rejeitam termos como "*salvação*" e "*ser salvo*", alegando que as ideias que transmitem estão ultrapassadas e não têm significado para homens e mulheres contemporâneos. No entanto, "salvação" é um termo que vem de Deus, e não há nada melhor que ele possa oferecer à humanidade caída do que a salvação por meio do sacrifício de seu Filho. Por meio de Cristo, e somente por meio dele, as pessoas podem ser salvas do pecado, de Satanás, do julgamento, da ira e da morte espiritual.

REFLETINDO SOBRE O TEXTO

7. As últimas palavras de um antigo santo foram: "A graça é o único meio pelo qual podemos nos aproximar da natureza divina. Mesmo que eu fosse arrastado pelo céu, terra e inferno, eu seria o mesmo miserável pecador e impuro, a menos que o próprio Deus me purificasse com sua graça". Como você responderia a alguém que perguntasse: "Continuamente, eu ouço falar sobre 'a graça de Deus'. O que isso significa e por que é uma coisa tão boa?"

....

....

....

8. Paulo ficou completamente impressionado pelo amor de Deus, chegando a literalmente ser derrubado por ele e parecer nunca se recuperar do impacto da maravilhosa graça de Deus. Como os cristãos mornos podem

recuperar o senso de que o evangelho é uma boa notícia, a melhor notícia já anunciada?

....

....

....

9. Quem, em sua vida, precisa ouvir e aceitar a boa notícia da salvação de Deus pela graça por meio da fé em Cristo? Separe um tempo agora mesmo para orar por eles.

....

....

....

COMO DEVO RESPONDER?

Anote suas reflexões, seus questionamentos ou uma oração, caso se sinta à vontade para fazê-lo.

....

....

....

ANOTAÇÕES

....

....

....

....

....

2

A MÁ NOTÍCIA

ROMANOS 1:18—3:20

ABORDANDO O TEXTO

Suponha que um amigo sincero e preocupado fizesse a seguinte observação: "Não precisamos convencer as pessoas a buscar o céu por meio do medo com toda essa conversa de inferno, fogo e enxofre. Os cristãos deveriam ser mais positivos e tolerantes, enfatizando todas as bênçãos da vida cristã, em vez de ameaçar as pessoas com a condenação. Isso só dá a nós e a Deus uma má reputação!". Como você responderia?

....

....

....

CONTEXTO

Após apresentar a tese de sua epístola, a saber, que um Deus justo é capaz de tornar os pecadores justos por meio da fé (1:16,17), Paulo discorre sobre a miséria do coração humano e sobre a ira divina que ela provoca.

Para Paulo, a condenação eterna era uma das motivações que ele apresentava para as pessoas virem à fé. Ele estava decidido a garantir que elas compreendessem a santidade e a justiça de Deus e entendessem que todos somos pecadores sujeitos à ira divina. Essa abordagem faz sentido lógica e teologicamente. Não podemos apreciar a maravilha da graça e do amor de Deus até entendermos verdadeiramente sua ira justa contra o pecado.

Não podemos apreciar o perdão de Deus até apreciarmos as consequências eternas do pecado.

Paulo afirma que todos, gentios e judeus, de fato, toda a humanidade, são culpados perante um Deus santo. A natureza humana é corrupta. Os motivos humanos são impuros. Após expor a acusação divina, toda boca se cala (3:19,20). Não temos desculpa. Não somos capazes de nos salvar. Essa "má" notícia é uma parte necessária da boa notícia, chamada de evangelho.

PRINCIPAIS ELEMENTOS DO TEXTO

Depravação humana. O significado básico da palavra grega *adokimos*, "depravado" (ou "reprovável", na tradução da NVI), é "não passar no teste". Essa palavra costumava ser usada para metais rejeitados pelos refinadores em razão de impurezas. Como os metais impuros eram descartados, o termo *adokimos* passou a incluir a ideia de que esses metais eram sem valor e inúteis. Quando aplicado à relação com Deus, significa que a mente que rejeita a Deus é uma mente rejeitada, tornando-se espiritualmente depravada, desprezível e inútil. Visto que a humanidade caída não quis reconhecer a Deus, ele a entregou, nesse caso em Romanos, a uma mente depravada. A mente sem Deus é uma mente depravada, cuja disposição predeterminada e inevitável é fazer coisas inadequadas. A mente que despreza a Deus torna-se desprezível. Ela é corrompida e enganada, merecendo nada além da ira divina. Embora os ímpios pensem que são sábios, são extremamente tolos (Romanos 1:22).

Revelação divina. Por meio de Paulo, Deus revela que todas as pessoas têm evidências da existência de Deus e que as características divinas captadas pelas percepções físicas podem ser compreendidas até certo ponto pelas percepções internas. Todos os homens sabem e entendem algo da realidade e da verdade de Deus, sendo responsáveis por uma resposta adequada a essa revelação. Qualquer resposta inadequada é considerada "indefensável". Deus manifestou sua glória a todas as pessoas pela revelação de seu conhecimento universal e contínuo, seja nas maravilhas da natureza, seja na consciência humana, que é capaz de discernir entre o certo e o errado.

DESVENDANDO O TEXTO

Leia 1:18—3:20, observando as palavras-chave e definições ao lado da passagem.

ROMANOS 1:18—3:20

18Portanto, a ira de Deus é revelada dos céus contra toda im-
piedade e injustiça dos homens que suprimem a verdade pela
injustiça, 19pois o que de Deus se pode conhecer é manifesto
entre eles, porque Deus lhes manifestou. 20Pois desde a criação
do mundo os atributos invisíveis de Deus, seu eterno poder e
sua natureza divina, têm sido vistos claramente, sendo com-
preendidos por meio das coisas criadas, de forma que tais ho-
mens são indesculpáveis; 21porque, tendo conhecido a Deus,
não o glorificaram como Deus, nem lhe renderam graças, mas
os seus pensamentos tornaram-se fúteis e o coração insensato
deles obscureceu-se. 22Dizendo-se sábios, tornaram-se loucos
23e trocaram a glória do Deus imortal por imagens feitas se-
gundo a semelhança do homem mortal, bem como de pássa-
ros, quadrúpedes e répteis.

24Por isso Deus os entregou à impureza sexual, segundo os
desejos pecaminosos do seu coração, para a degradação do seu
corpo entre si. 25Trocaram a verdade de Deus pela mentira, e
adoraram e serviram a coisas e seres criados, em lugar do Cria-
dor, que é bendito para sempre. Amém.

26Por causa disso Deus os entregou a paixões vergonhosas.
Até suas mulheres trocaram suas relações sexuais naturais por
outras, contrárias à natureza. 27Da mesma forma, os homens
também abandonaram as relações naturais com as mulheres
e se inflamaram de paixão uns pelos outros. Começaram a co-
meter atos indecentes, homens com homens, e receberam em
si mesmos o castigo merecido pela sua perversão.

28Além do mais, visto que desprezaram o conhecimento de
Deus, ele os entregou a uma disposição mental reprovável,

ira de Deus (v. 18). A ira de Deus não é uma explosão de raiva sem motivo aparente, algo impulsivo e arbitrário, mas, sim, a resposta firme e bem definida de um Deus santo contra o pecado.

lhes manifestou (v. 19). A prova da existência de Deus, colocada soberanamente por ele mesmo no coração de cada pessoa.

tendo conhecido a Deus (v. 21). Por meio da revelação geral, cada pessoa é consciente da existência, poder e natureza de Deus.

glorificaram (v. 21). Fomos criados com o único propósito de honrar a Deus; falhar ou recusar a fazê-lo é uma grande ofensa ao nosso Criador.

trocaram a glória do Deus imortal por imagens (v. 23). Adoração a ídolos.

os entregou (v. 24,26).

os entregou a uma (v. 28). Expressão judicial grega que significa governar ou ter poder sobre um prisioneiro, para que cumpra sua sentença; transmite o sentido de abandono.

pela mentira (v. 25). Afirmação de que Deus não existe.

paixões vergonhosas (v. 26). Comportamentos sexuais considerados inadequados ou prejudiciais (p. ex., nesse contexto, a homossexualidade).

para praticarem o que não deviam. 29Tornaram-se cheios de toda sorte de injustiça, maldade, ganância e depravação. Estão cheios de inveja, homicídio, rivalidades, engano e malícia. São bisbilhoteiros, 30caluniadores, inimigos de Deus, insolentes, arrogantes e presunçosos; inventam maneiras de praticar o mal; desobedecem a seus pais; 31são insensatos, desleais, sem amor pela família, implacáveis. 32Embora conheçam o justo decreto de Deus, de que as pessoas que praticam tais coisas merecem a morte, não somente continuam a praticá-las, mas também aprovam aqueles que as praticam.

2 1Portanto, você, que julga os outros é indesculpável; pois está condenando você mesmo naquilo em que julga, visto que você, que julga, pratica as mesmas coisas. 2Sabemos que o juízo de Deus contra os que praticam tais coisas é conforme a verdade. 3Assim, quando você, um simples homem, os julga, mas pratica as mesmas coisas, pensa que escapará do juízo de Deus? 4Ou será que você despreza as riquezas da sua bondade, tolerância e paciência, não reconhecendo que a bondade de Deus o leva ao arrependimento?

5Contudo, por causa da sua teimosia e do seu coração obstinado, você está acumulando ira contra você mesmo, para o dia da ira de Deus, quando se revelará o seu justo julgamento. 6Deus "retribuirá a cada um conforme o seu procedimento". 7Ele dará vida eterna aos que, persistindo em fazer o bem, buscam glória, honra e imortalidade. 8Mas haverá ira e indignação para os que são egoístas, que rejeitam a verdade e seguem a injustiça. 9Haverá tribulação e angústia para todo ser humano que pratica o mal: primeiro para o judeu, depois para o grego; 10mas glória, honra e paz para todo o que pratica o bem: primeiro para o judeu, depois para o grego. 11Pois em Deus não há parcialidade.

12Todo aquele que pecar sem a Lei, sem a Lei também perecerá, e todo aquele que pecar sob a Lei, pela Lei será julgado. 13Porque não são os que ouvem a Lei que são justos aos olhos de Deus; mas os que obedecem à Lei, estes serão declarados

despreza (2:4). Pensar mal de alguém, tratar com desprezo.

arrependimento (v. 4). Ato de se afastar do pecado e voltar-se para Cristo em busca de perdão.

teimosia (v. 5). Refere-se à palavra grega da qual derivamos "esclerose", destacando, em contextos religiosos e espirituais, o endurecimento do coração.

vida eterna (v. 7). Existência sem fim tanto do ponto de vista quantitativo quanto qualitativo.

parcialidade (v. 11). Literalmente, "receber uma face", isto é, considerar alguém baseando-se apenas em seu status social, riqueza, aparência etc.

justos. 14(De fato, quando os gentios, que não têm a Lei, pra-
ticam naturalmente o que ela ordena, tornam-se lei para si
mesmos, embora não possuam a Lei; 15pois mostram que as
exigências da Lei estão gravadas em seu coração. Disso dão
testemunho também a sua consciência e os pensamentos de-
les, ora acusando-os, ora defendendo-os.) 16Isso tudo se verá
no dia em que Deus julgar os segredos dos homens, mediante
Jesus Cristo, conforme o declara o meu evangelho.

naturalmente (v. 14) [...] consciência (v. 15). Nosso senso instintivo ou inato dado por Deus para discernir o certo e o errado.

17Ora, você leva o nome de judeu, apoia-se na Lei e orgulha-
-se de Deus. 18Você conhece a vontade de Deus e aprova o que
é superior, porque é instruído pela Lei. 19Você está convencido
de que é guia de cegos, luz para os que estão em trevas, 20ins-
trutor de insensatos, mestre de crianças, porque tem na Lei a
expressão do conhecimento e da verdade. 21E então? Você, que
ensina os outros, não ensina a você mesmo? Você, que prega
contra o furto, furta? 22Você, que diz que não se deve adulte-
rar, adultera? Você, que detesta ídolos, rouba-lhes os templos?
23Você, que se orgulha da Lei, desonra a Deus, desobedecendo
à Lei? 24Pois, como está escrito: "O nome de Deus é blasfemado
entre os gentios por causa de vocês".

25A circuncisão tem valor se você obedece à Lei; mas, se
você desobedece à Lei, a sua circuncisão já se tornou incircun-
cisão. 26Se aqueles que não são circuncidados obedecem aos
preceitos da Lei, não serão eles considerados circuncidados?
27Aquele que não é circuncidado fisicamente, mas obedece à
Lei, condenará você que, tendo a Lei escrita e a circuncisão, é
transgressor da Lei.

28Não é judeu quem o é apenas exteriormente, nem é cir-
cuncisão a que é meramente exterior e física. 29Não! Judeu é
quem o é interiormente, e circuncisão é a operada no coração,
pelo Espírito, e não pela Lei escrita. Para estes o louvor não
provém dos homens, mas de Deus.

Judeu é quem o é interiormente (v. 29). O verdadeiro filho de Deus tem um coração que foi separado do pecado e dedicado a Deus.

3 1Que vantagem há então em ser judeu, ou que utilidade
há na circuncisão? 2Muita, em todos os sentidos! Principal-
mente porque aos judeus foram confiadas as palavras de Deus.

palavras de Deus (3:2). Frases ou mensagens de natureza sobrenatural consideradas importantes.

3Que importa se alguns deles foram infiéis? A sua infidelidade anulará a fidelidade de Deus? 4De maneira nenhuma! Seja Deus verdadeiro, e todo homem mentiroso. Como está escrito:

> "Para que
> sejas justificado
> nas tuas palavras
> e prevaleças quando fores julgado".

5Mas, se a nossa injustiça ressalta de maneira ainda mais clara a justiça de Deus, que diremos? Que Deus é injusto por aplicar a sua ira? (Estou usando um argumento humano.) 6Claro que não! Se fosse assim, como Deus iria julgar o mundo? 7Alguém pode alegar ainda: "Se a minha mentira ressalta a veracidade de Deus, aumentando assim a sua glória, por que sou condenado como pecador?" 8Por que não dizer como alguns caluniosamente afirmam que dizemos: "Façamos o mal, para que nos venha o bem"? A condenação dos tais é merecida.

estou usando um argumento humano (v. 5). Paulo está parafraseando a lógica fraca e não fundamentada na Bíblia que seus oponentes utilizavam.

9Que concluiremos então? Estamos em posição de vantagem? Não! Já demonstramos que tanto judeus quanto gentios estão debaixo do pecado. 10Como está escrito:

já demonstramos (v. 9). Os cristãos em Roma.

debaixo do pecado (v. 9). Escravizado e dominado pelo pecado.

> "Não há nenhum justo,
> nem um sequer;
> 11não há ninguém que entenda,
> ninguém que busque a Deus.
> 12Todos se desviaram,
> tornaram-se juntamente inúteis;
> não há ninguém
> que faça o bem,
> não há nem um sequer".
> 13"Suas gargantas
> são um túmulo aberto;
> com a língua enganam".
> "Veneno de víbora
> está em seus lábios".

inúteis (v. 12). Sem utilidade, sem valor; o equivalente hebraico designava o leite que se tornou impróprio para consumo em virtude de sabor ruim e de odor desagradável.

14"Sua boca está cheia
de maldição e amargura".
15"Seus pés são ágeis
para derramar sangue;
16ruína e desgraça marcam
os seus caminhos,
17e não conhecem
o caminho da paz".
18"Aos seus olhos é inútil
temer a Deus".

maldição (v. 14). Desejar maldosa e cruelmente que coisas ruins aconteçam a alguém.

19Sabemos que tudo o que a Lei diz, o diz àqueles que estão
debaixo dela, para que toda boca se cale e o mundo todo esteja
sob o juízo de Deus. 20Portanto, ninguém será declarado justo
diante dele baseando-se na obediência à Lei, pois é mediante
a Lei que nos tornamos plenamente conscientes do pecado.

toda boca se cale (v. 19). Diante do julgamento justo de Deus, as pessoas ficam atônitas e sem palavras.

1. Quais razões Paulo apresenta para Deus se irar contra a humanidade?

....

....

....

2. Circule todas as palavras e frases nessa passagem que descrevem a rebelião do ser humano contra Deus.

3. Além do julgamento futuro, quais são as consequências imediatas da rebelião que Paulo destaca nessa passagem?

....

....

....

....

4. Segundo essa passagem, por que mesmo pessoas "morais" e religiosas não estão isentas do grande julgamento de Deus?

....

....

....

CAVANDO MAIS FUNDO

Leia o salmo 14 e observe como ele se relaciona com a passagem acima em Romanos.

SALMO 14

1Diz o tolo em seu coração: "Deus não existe".
Corromperam-se e cometeram atos detestáveis;
não há ninguém que faça o bem.

2O Senhor olha dos céus
para os filhos dos homens,
para ver se há alguém que tenha entendimento,
alguém que busque a Deus.
3Todos se desviaram,
igualmente se corromperam;
não há ninguém que faça o bem,
não há nem um sequer.

4Será que nenhum dos malfeitores aprende?
Eles devoram o meu povo
como quem come pão
e não clamam pelo Senhor!
5Olhem! Estão tomados de pavor!
Pois Deus está presente no meio dos justos.
6Vocês, malfeitores,
frustram os planos dos pobres,
mas o refúgio deles é o Senhor.

7 Ah, se de Sião viesse a salvação para Israel!
Quando o Senhor restaurar o seu povo,
Jacó exultará! Israel se regozijará!

EXPLORANDO O SIGNIFICADO DO TEXTO

5. Como esses trechos do Antigo e do Novo Testamentos respondem à crença popular e moderna de que "os seres humanos são basicamente bons"?

....

....

....

....

6. Com base nessa passagem, quais indícios você percebe de que Deus não se impressiona apenas com a "atividade religiosa"?

....

....

....

7. Por que Deus deu a seres humanos pecadores um código de lei perfeito para seguir? Leia Gálatas 3:19-25.

....

....

....

....

....

A VERDADE DO TEXTO PARA OS DIAS DE HOJE

O veredicto final é de que a humanidade não redimida não tem defesa alguma e é culpada de todas as acusações. A defesa não tem argumentos para apresentar, pois Deus, que é onisciente e sábio, demonstrou infalivelmente que não há nenhuma possibilidade de absolvição. Portanto, a defesa não apresentará argumentos a favor da humanidade não redimida. O silêncio absoluto é a única resposta possível, assim como haverá silêncio total no céu quando o Senhor Jesus Cristo quebrar o sétimo selo e lançar os sete juízos das trombetas sobre a terra condenada (veja Apocalipse 8:1-6).

REFLETINDO SOBRE O TEXTO

8. De acordo com R. A. Torrey: "Quando reconhecemos a extensão do pecado e sua gravidade, a perfeita santidade de Deus e a infinita glória de Jesus Cristo, percebemos que somente uma doutrina que afirme que aqueles que rejeitam o Filho de Deus sofrerão tormento eterno poderá satisfazer as exigências da nossa própria consciência moral". Como chegar a uma compreensão mais profunda da depravação do coração humano e da santidade de nosso Deus?

....

....

....

....

9. Qual parte deste estudo o impactou mais fortemente? O que mais o desafiou? O que o motivou a tomar uma atitude? Por quê?

....

....

....

COMO DEVO RESPONDER?

Anote suas reflexões, seus questionamentos ou uma oração, caso se sinta à vontade para fazê-lo.

ANOTAÇÕES

3
SOMENTE PELA FÉ
ROMANOS 3:21—4:25

ABORDANDO O TEXTO

O que a *fé* significa para você? Como explicaria isso para uma criança?

....

....

....

....

CONTEXTO

Na *Ilíada*, de Homero, o grande guerreiro troiano Heitor se preparava para lutar contra Aquiles e os invasores gregos. Quando estava prestes a deixar sua casa, quis segurar seu jovem filho Astianax em seus braços e despedir-se. Mas a armadura de Heitor assustou tanto o bebê que ele recuou para o aconchego de sua ama. Então, o pai, rindo alto, removeu o capacete de bronze e pegou o pequeno filho em seus braços. O menino descobriu que por trás de toda aquela armadura estava seu amado pai.

Isso é semelhante ao que Paulo faz aqui em Romanos. Após mostrar Deus como um juiz santo, agora mostra o Deus de amor, que está de braços abertos para pecadores, na esperança de que venham e sejam salvos. Depois de apresentar evidências suficientes de que toda a humanidade é pecaminosa e desesperadamente necessitada de justiça (1:18—3:20), Paulo muda de foco e passa a demonstrar que somente Deus é capaz de fornecer essa justiça. Para ilustrar essa verdade, dedica todo o quarto capítulo a Abraão. Esse santo do Antigo Testamento é um exemplo brilhante da mensagem central da Bíblia: somente pela fé que responde à graça de Deus, e não por meio de obras, alguém se torna justo diante de Deus.

PRINCIPAIS ELEMENTOS DO TEXTO

Justificação. As palavras *justificar* e *justificação* aparecem cerca de trinta vezes em Romanos e estão concentradas majoritariamente em 2:13—5:1. O termo "justificação", de origem legal ou forense, tem raiz na palavra grega para "justo", significando, portanto, "declarar justo". O veredicto da justificação inclui o perdão da culpa e da penalidade do pecado, além da atribuição da justiça de Cristo ao crente, fornecendo, assim, a retidão perfeita necessária para que o homem seja aceito por Deus. Deus declara um pecador justo unicamente com base nos méritos da justiça de Cristo. O pecador, por sua vez, recebe essa graça de Deus exclusivamente pela fé. A justificação é um presente gracioso oferecido por Deus ao pecador que se arrepende e crê, sem considerar mérito ou obra humana como fator determinante para a obtenção dessa graça.

Abraão. Paulo utiliza o exemplo de Abraão para provar a justificação somente pela fé, porque os judeus o consideravam como o maior modelo de um homem justo (João 8:39). Além disso, a história de Abraão deixou claro que o judaísmo, com sua ênfase na justiça pelas obras, havia se afastado da fé dos antepassados patriarcais dos judeus. Em sentido espiritual, Abraão foi o precursor da igreja de Roma, composta principalmente de gentios.

DESVENDANDO O TEXTO

Leia 3:21—4:25, observando as palavras-chave e definições ao lado da passagem.

ROMANOS 3:21–4:25

21 Mas agora se manifestou uma justiça que provém de Deus,
independente da Lei, da qual testemunham a Lei e os Profetas,
22 justiça de Deus mediante a fé em Jesus Cristo para todos os
que creem. Não há distinção, 23 pois todos pecaram e estão des-
tituídos da glória de Deus, 24 sendo justificados gratuitamente
por sua graça, por meio da redenção que há em Cristo Jesus.
25 Deus o ofereceu como sacrifício para propiciação mediante a
fé, pelo seu sangue, demonstrando a sua justiça. Em sua tole-
rância, havia deixado impunes os pecados anteriormente co-
metidos; 26 mas, no presente, demonstrou a sua justiça, a fim de
ser justo e justificador daquele que tem fé em Jesus.

27 Onde está, então, o motivo de vanglória? É excluído. Basea-
do em que princípio? No da obediência à Lei? Não, mas no prin-
cípio da fé. 28 Pois sustentamos que o homem é justificado pela
fé, independente da obediência à Lei. 29 Deus é Deus apenas dos
judeus? Ele não é também o Deus dos gentios? Sim, dos gentios
também, 30 visto que existe um só Deus, que pela fé justificará
os circuncisos e os incircuncisos. 31 Anulamos então a Lei pela fé?
De maneira nenhuma! Ao contrário, confirmamos a Lei.

4 1 Portanto, que diremos do nosso antepassado Abraão?
2 Se de fato Abraão foi justificado pelas obras, ele tem do
que se gloriar, mas não diante de Deus. 3 Que diz a Escritura?
"Abraão creu em Deus, e isso lhe foi creditado como justiça."

4 Ora, o salário do homem que trabalha não é considerado
como favor, mas como dívida. 5 Todavia, àquele que não tra-
balha, mas confia em Deus, que justifica o ímpio, sua fé lhe é
creditada como justiça. 6 Davi diz a mesma coisa, quando fala
da felicidade do homem a quem Deus credita justiça indepen-
dente de obras:

7 "Como são felizes aqueles
    que têm suas transgressões perdoadas,
cujos pecados são apagados!
8 Como é feliz aquele
    a quem o Senhor não atribui culpa!"

Mas (v. 21). A frase apresenta uma oposição entre a natureza humana depravada e incapaz de agradar a Deus e a provisão divina de um caminho para se aproximar dele.

propiciação (v. 25). Apaziguamento ou satisfação; a morte de Cristo satisfez a ofendida santidade de Deus.

havia deixado (v. 25). O julgamento ou punição são temporariamente retidos, ou seja, adiados para um momento posterior.

creditado (4:3). Palavra usada em contextos legais e financeiros para descrever a ação de tomar algo que pertence a alguém e transferi-lo para outra pessoa, geralmente, por meio de uma transação financeira.

justifica o ímpio (v. 5). Apenas os humildes e conscientes de suas imperfeições podem ser candidatos para a salvação.

Davi (v. 6). A relação pecaminosa do rei Davi com Bate-Seba é outro exemplo veterotestamentário de justiça imputada.

9Destina-se essa felicidade apenas aos circuncisos ou também aos incircuncisos? Já dissemos que, no caso de Abraão, a fé lhe foi creditada como justiça. 10Sob quais circunstâncias? Antes ou depois de ter sido circuncidado? Não foi depois, mas antes! 11Assim ele recebeu a circuncisão como sinal, como selo da justiça que ele tinha pela fé, quando ainda não fora circuncidado. Portanto, ele é o pai de todos os que creem, sem terem sido circuncidados, a fim de que a justiça fosse creditada também a eles; 12e é igualmente o pai dos circuncisos que não somente são circuncisos, mas também andam nos passos da fé que teve nosso pai Abraão antes de passar pela circuncisão.

circuncisão como sinal (v. 11). Marca física e racial que identifica a afiliação étnica e cultural dos judeus.

andam nos passos (v. 12). Não judeus que imitam a fé de Abraão.

13Não foi mediante a Lei que Abraão e a sua descendência receberam a promessa de que ele seria herdeiro do mundo, mas mediante a justiça que vem da fé. 14Pois, se os que vivem pela Lei são herdeiros, a fé não tem valor, e a promessa é inútil; 15porque a Lei produz a ira. E onde não há Lei, não há transgressão.

a fé não tem valor, e a promessa é inútil (v. 14). Paulo está argumentando que, se a obediência à Lei pudesse garantir a salvação, a fé na promessa de Deus seria inútil.

16Portanto, a promessa vem pela fé, para que seja de acordo com a graça e seja assim garantida a toda a descendência de Abraão; não apenas aos que estão sob o regime da Lei, mas também aos que têm a fé que Abraão teve. Ele é o pai de todos nós. 17Como está escrito: "Eu o constituí pai de muitas nações". Ele é nosso pai aos olhos de Deus, em quem creu, o Deus que dá vida aos mortos e chama à existência coisas que não existem, como se existissem.

18Abraão, contra toda esperança, em esperança creu, tornando-se assim pai de muitas nações, como foi dito a seu respeito: "Assim será a sua descendência". 19Sem se enfraquecer na fé, reconheceu que o seu corpo já estava sem vitalidade, pois já contava cerca de cem anos de idade, e que também o ventre de Sara já estava sem vigor. 20Mesmo assim não duvidou nem foi incrédulo em relação à promessa de Deus, mas foi fortalecido em sua fé e deu glória a Deus, 21estando plenamente convencido de que ele era poderoso para cumprir o que havia prometido. 22Em consequência, "isso lhe foi creditado como justiça". 23As palavras "lhe foi creditado" não foram escritas apenas para ele, 24mas também para nós,

enfraquecer na fé (v. 19). Permitir que a dúvida corroa e enfraqueça a fé.

a quem Deus creditará justiça, a nós, que cremos naquele
que ressuscitou dos mortos a Jesus, nosso Senhor. 25Ele foi
entregue à morte por nossos pecados e ressuscitado para
nossa justificação.

ele foi entregue (v. 25). Ser crucificado como punição pelos pecados da humanidade.

1. Por que Paulo argumenta que ninguém pode se orgulhar ou se sentir religiosamente superior quando se trata da sua posição diante de Deus?

....

....

....

2. Circule todas as palavras e frases nessa passagem que descrevem as ações de Deus.

3. Paulo se esforça para demonstrar que Abraão foi justificado diante de Deus muito antes de ter sido circuncidado. Por que apresentar à sua audiência romana esse argumento foi importante para ele?

....

....

....

....

4. Destaque todas as referências na passagem sobre a Lei de Deus. Qual é o propósito ou efeito da Lei de Deus (4:13-15)?

....

....

....

....

CAVANDO MAIS FUNDO

Leia Gálatas 3:6-25 e observe como esse texto se relaciona com a passagem de Romanos 3:21—4:25.

GÁLATAS 3:6-25

6Considerem o exemplo de Abraão: "Ele creu em Deus, e isso lhe foi creditado como justiça".
7Estejam certos, portanto, de que os que são da fé é que são filhos de Abraão. 8Prevendo a
Escritura que Deus justificaria os gentios pela fé, anunciou primeiro as boas-novas a Abraão:
"Por meio de você todas as nações serão abençoadas". 9Assim, os que são da fé são abençoados com Abraão, homem de fé.

10Já os que se apoiam na prática da Lei estão debaixo de maldição, pois está escrito: "Maldito
todo aquele que não persiste em praticar todas as coisas escritas no livro da Lei". 11É evidente
que diante de Deus ninguém é justificado pela Lei, pois "o justo viverá pela fé". 12A Lei não é
baseada na fé; ao contrário, "quem praticar estas coisas por elas viverá". 13Cristo nos redimiu
da maldição da Lei quando se tornou maldição em nosso lugar, pois está escrito: "Maldito todo
aquele que for pendurado num madeiro". 14Isso para que em Cristo Jesus a bênção de Abraão
chegasse também aos gentios, para que recebêssemos a promessa do Espírito mediante a fé.

15Irmãos, humanamente falando, ninguém pode anular um testamento depois de ratificado nem acrescentar-lhe algo. 16Assim também as promessas foram feitas a Abraão
e ao seu descendente. A Escritura não diz: "E aos seus descendentes", como se falasse de
muitos, mas: "Ao seu descendente", dando a entender que se trata de um só, isto é, Cristo.
17Quero dizer isto: A Lei, que veio quatrocentos e trinta anos depois, não anula a aliança
previamente estabelecida por Deus, de modo que venha a invalidar a promessa. 18Pois,
se a herança depende da Lei, já não depende de promessa. Deus, porém, concedeu-a
gratuitamente a Abraão mediante promessa.

19Qual era então o propósito da Lei? Foi acrescentada por causa das transgressões, até que
viesse o Descendente a quem se referia a promessa, e foi promulgada por meio de anjos, pela
mão de um mediador. 20Contudo, o mediador representa mais de um; Deus, porém, é um.

21Então, a Lei opõe-se às promessas de Deus? De maneira nenhuma! Pois, se tivesse sido
dada uma lei que pudesse conceder vida, certamente a justiça viria da lei. 22Mas a Escritura
encerrou tudo debaixo do pecado, a fim de que a promessa, que é pela fé em Jesus Cristo,
fosse dada aos que creem.

23Antes que viesse essa fé, estávamos sob a custódia da Lei, nela encerrados, até que a fé que
haveria de vir fosse revelada. 24Assim, a Lei foi o nosso tutor até Cristo, para que fôssemos justificados pela fé. 25Agora, porém, tendo chegado a fé, já não estamos mais sob o controle do tutor.

EXPLORANDO O SIGNIFICADO DO TEXTO

5. Quais ideias em Gálatas 3 enfatizam o argumento de Paulo em Romanos 3 e 4?

6. Paulo usa quais incidentes da vida de Abraão e Sara para argumentar que a salvação ocorre pela ação poderosa de Deus e não pelo esforço humano?

7. Leia 2Coríntios 5:21. Considerando que a ira de Deus é dirigida contra a injustiça e sua graça é dirigida à justiça, quais são as implicações maravilhosas desse versículo para aqueles que creem?

A VERDADE DO TEXTO PARA OS DIAS DE HOJE

A Bíblia deixa claro que há um caminho para chegar a Deus, mas esse caminho não depende do que os seres humanos podem fazer para alcançá-lo ou merecê-lo. Somente Deus pode justificar o homem, e isso não acontece nos termos ou pelo poder do homem. Esse é um aspecto fundamental que diferencia o cristianismo de todas as outras religiões. Portanto, quanto ao caminho da salvação, existem apenas duas religiões no mundo: a religião que enfatiza a ação divina, que é o cristianismo bíblico, e a religião que enfatiza a ação humana, que inclui todas as outras formas de religião, independentemente dos nomes que receberem.

REFLETINDO SOBRE O TEXTO

8. Alguns cristãos veem a Lei de Deus e sua graça como contraditórias. Com base no que você viu neste estudo, como você harmonizaria essas duas verdades?

....

....

....

....

9. Qual é o problema em tentar *fazer* coisas para agradar a Deus e ser aceito por ele? Por que essa abordagem nunca é suficiente para alcançar a salvação?

....

....

....

....

....

10. Se a salvação dependesse do que fazemos, poderíamos nos orgulhar de nossos esforços. No entanto, como a salvação é totalmente um ato de graça, o que os salvos devem fazer em resposta a isso?

....

....

....

....

....

COMO DEVO RESPONDER?

Anote suas reflexões, seus questionamentos ou uma oração, caso se sinta à vontade para fazê-lo.

....

....

....

....

....

ANOTAÇÕES

....

....

....

....

....

4

GRAÇA POR MEIO DE UM HOMEM

ROMANOS 5:1-21

ABORDANDO O TEXTO

Você já teve momentos em que questionou a certeza da sua salvação? Se sim, como isso aconteceu?

....

....

....

Por que às vezes é difícil acreditar na eterna segurança em Cristo?

....

....

....

CONTEXTO

Depois de explicar o grave estado de pecado e perdição em que toda a humanidade se encontra, Paulo esclarece como Cristo, por sua morte na cruz, abriu o caminho para a salvação de todos os que se aproximam de Deus com fé. Em seguida, Paulo responde a duas perguntas importantes que, provavelmente, estavam na mente de seus leitores. A primeira questão é sobre a certeza da salvação que Cristo oferece: quão completa ou quão segura é essa salvação provida por Cristo? Podemos ter certeza disso? O que acontece se uma pessoa comete pecados depois de se voltar para Cristo em fé? Paulo responde a essas perguntas em 5:1-11.

A segunda questão abordada por Paulo é: como a ação de um único homem em determinado momento da história pode ter um impacto tão significativo em toda a humanidade? Para responder a essa questão, Paulo compara o efeito do pecado de Adão, que trouxe a morte, com o efeito do sacrifício perfeito de Cristo, que trouxe a vida. Embora muitas pessoas considerem a segunda metade de Romanos 5 uma das passagens mais difíceis de entender no Novo Testamento, quando analisada cuidadosamente, esse capítulo traz grande conforto e admiração por um Deus que é capaz e disposto a oferecer uma salvação tão extraordinária.

PRINCIPAIS ELEMENTOS DO TEXTO

Imputado. Usado tanto em contextos financeiros quanto jurídicos, em grego significa tomar algo que pertence a alguém e creditar na conta de outra pessoa. É uma transação unilateral. Como no caso de Abraão, que não fez nada para poder adquirir qualquer coisa; Deus simplesmente creditou sua justiça na conta dele. Isso aconteceu porque Abraão confiou em Deus e creu em suas promessas. Esse é o cerne da doutrina da justificação, pela qual Deus declara o pecador arrependido como justo no momento em que deposita uma fé sincera em Cristo e em sua morte sacrificial. Ao derramar seu próprio sangue na cruz, Cristo fez expiação, ou seja, pagou o preço pelos nossos pecados, trazendo-nos perdão. Assim como nossos pecados foram colocados na conta de Cristo quando ele os suportou na cruz, agora a justiça perfeita de Cristo é considerada como nossa. Sua justiça perfeita, portanto, se torna a base sólida sobre a qual podemos estar diante de Deus.

Tipo. Figura, representação ou símbolo de algo que está por vir, como um evento no Antigo Testamento que prefigura outro no Novo Testamento. O "tipo" geralmente encontra seu cumprimento na pessoa e ministério de Cristo, mas, às vezes, relaciona-se com Deus, seu povo ou alguma outra realidade. Por exemplo, Melquisedeque, o rei-sacerdote de Salém (Gênesis 14:18-20 e Salmos 110:4), é dito ser um tipo de Cristo, isto é, uma sombra daquele que viria (Hebreus 6:20). Jesus disse que a serpente de bronze no deserto (Números 21:4-9) tipificava sua própria crucificação (João 3:14-15). O escritor de Hebreus (Hebreus 9 e 10) apontou que o tabernáculo prefigurava uma sombra, isto é, um "tipo" da pessoa e obra de Jesus Cristo. A NVI usa a palavra "tipo" em Romanos 5:14, onde Paulo menciona Adão como "um tipo daquele que haveria de vir." (*Nelson's new illustrated Bible dictionary* [Novo dicionário ilustrado da Bíblia de Nelson].)

DESVENDANDO O TEXTO

Leia 5:1-21, observando as palavras-chave e definições ao lado da passagem.

ROMANOS 5:1-21

1Tendo sido, pois, justificados pela fé, temos paz com Deus,
por nosso Senhor Jesus Cristo, 2por meio de quem obtivemos
acesso pela fé a esta graça na qual agora estamos firmes; e nos
gloriamos na esperança da glória de Deus. 3Não só isso, mas
também nos gloriamos nas tribulações, porque sabemos que
a tribulação produz perseverança; 4a perseverança, um caráter
aprovado; e o caráter aprovado, esperança. 5E a esperança não
nos decepciona, porque Deus derramou seu amor em nossos
corações, por meio do Espírito Santo que ele nos concedeu.

6De fato, no devido tempo, quando ainda éramos fracos, Cris-
to morreu pelos ímpios. 7Dificilmente haverá alguém que morra
por um justo, embora pelo homem bom talvez alguém tenha
coragem de morrer. 8Mas Deus demonstra seu amor por nós:
Cristo morreu em nosso favor quando ainda éramos pecadores.

9Como agora fomos justificados por seu sangue, muito mais
ainda, por meio dele, seremos salvos da ira de Deus! 10Se quando
éramos inimigos de Deus fomos reconciliados com ele mediante
a morte de seu Filho, quanto mais agora, tendo sido reconcilia-
dos, seremos salvos por sua vida! 11Não apenas isso, mas também

Tendo sido, pois, justificados (v. 1). Em grego, a construção desse verbo indica que a declaração legal feita é única, mas seus resultados continuam afetando a situação atual.

temos (v. 1). Atualmente.

paz com Deus (v. 1). Trata-se de uma realidade que existe fora de nós e que pode ser observada objetivamente, em oposição a uma sensação subjetiva e interna de tranquilidade e calma.

acesso (v. 2). Introdução.

estamos (v. 2). Ideia de permanência, fixidez e imobilidade.

esperança (v. 2). Algo que é certo, mas ainda não foi concretizado; não se trata de um sonho incerto e utópico.

tribulações (v. 3). Pressão extrema, como a pressão exercida para extrair óleo de uma azeitona.

perseverança (v. 4). Capacidade de resistir a uma grande quantidade de peso ou pressão sem ceder; resistência.

nos gloriamos em Deus, por meio de nosso Senhor Jesus Cristo, mediante quem recebemos agora a reconciliação.

12 Portanto, da mesma forma como o pecado entrou no mundo por um homem, e pelo pecado a morte, assim também a morte veio a todos os homens, porque todos pecaram; 13 pois antes de ser dada a Lei, o pecado já estava no mundo. Mas o pecado não é levado em conta quando não existe lei. 14 Todavia, a morte reinou desde o tempo de Adão até o de Moisés, mesmo sobre aqueles que não cometeram pecado semelhante à transgressão de Adão, o qual era um tipo daquele que haveria de vir.

15 Entretanto, não há comparação entre a dádiva e a transgressão. De fato, muitos morreram por causa da transgressão de um só homem, mas a graça de Deus, isto é, a dádiva pela graça de um só, Jesus Cristo, transbordou ainda mais para muitos. 16 Não se pode comparar a dádiva de Deus com a consequência do pecado de um só homem: por um pecado veio o julgamento que trouxe condenação, mas a dádiva decorreu de muitas transgressões e trouxe justificação. 17 Se pela transgressão de um só a morte reinou por meio dele, muito mais aqueles que recebem de Deus a imensa provisão da graça e a dádiva da justiça reinarão em vida por meio de um único homem, Jesus Cristo.

18 Consequentemente, assim como uma só transgressão resultou na condenação de todos os homens, assim também um só ato de justiça resultou na justificação que traz vida a todos os homens. 19 Logo, assim como por meio da desobediência de um só homem muitos foram feitos pecadores, assim também por meio da obediência de um único homem muitos serão feitos justos.

20 A Lei foi introduzida para que a transgressão fosse ressaltada. Mas onde aumentou o pecado transbordou a graça, 21 a fim de que, assim como o pecado reinou na morte, também a graça reine pela justiça para conceder vida eterna, mediante Jesus Cristo, nosso Senhor.

caráter (v. 4). Literalmente, "prova". Termo utilizado nos testes de metais preciosos para determinar sua pureza.

derramou (v. 5). O amor de Deus é derramado sobre seus filhos.

fracos (v. 6). Literalmente, "impotente", em virtude de sua falta de vida espiritual.

ímpios (v. 6). Uma prova de que o amor de Cristo nunca foi baseado no mérito humano.

porque todos pecaram (v. 12). Todos pecaram, porque toda a humanidade já existia nos lombos de Adão, e, por meio da procriação, herdamos sua condição corrompida. Então, podemos dizer que todos pecaram por meio dele.

um tipo daquele que haveria de vir (v. 14). Adão e Cristo eram semelhantes no sentido de que seus atos afetaram muitas pessoas.

a morte reinou (v. 17). O ato pecaminoso de Adão trouxe a morte para todos.

1. Circule todos os verbos nos versículos de 1 a 11, observando especialmente seus tempos verbais.

2. Como Paulo rebate a ideia equivocada de que, ainda que a salvação seja obtida pela fé, ela deve ser mantida por meio de boas obras? E quais evidências ele apresenta para mostrar que a salvação é incondicional, ou seja, independente das obras que fazemos?

...

...

...

...

3. Qual figura de linguagem Paulo utiliza para mostrar que os incrédulos estão em conflito direto com Deus?

...

...

...

...

4. De que forma as ações de Adão afetaram toda a humanidade? E quais foram os efeitos das ações de Cristo?

...

...

...

...

...

CAVANDO MAIS FUNDO

Ao ler a passagem a seguir, reflita sobre o que o autor afirma sobre a incapacidade da lei de nos salvar, o sacrifício perfeito de Cristo e as novas possibilidades proporcionadas de relacionamento com Deus.

HEBREUS 10:1-4,12-14,19-23

1A Lei traz apenas uma sombra dos benefícios que hão de vir, e não a sua realidade. Por isso
ela nunca consegue, mediante os mesmos sacrifícios repetidos ano após ano, aperfeiçoar os
que se aproximam para adorar. 2Se pudesse fazê-lo, não deixariam de ser oferecidos? Pois
os adoradores, tendo sido purificados uma vez por todas, não mais se sentiriam culpados
de seus pecados. 3Contudo, esses sacrifícios são uma recordação anual dos pecados, 4pois é
impossível que o sangue de touros e bodes tire pecados.

[...]

12Mas, quando esse sacerdote acabou de oferecer, para sempre, um único sacrifício pelos
pecados, assentou-se à direita de Deus. 13Daí em diante, ele está esperando até que os seus
inimigos sejam como estrado dos seus pés; 14porque, por meio de um único sacrifício, ele
aperfeiçoou para sempre os que estão sendo santificados.

[...]

19Portanto, irmãos, temos plena confiança para entrar no Lugar Santíssimo pelo sangue de
Jesus, 20por um novo e vivo caminho que ele nos abriu por meio do véu, isto é, do seu corpo.
21Temos, pois, um grande sacerdote sobre a casa de Deus. 22Assim, aproximemo-nos de Deus
com um coração sincero e com plena convicção de fé, tendo os corações aspergidos para nos
purificar de uma consciência culpada e os nossos corpos lavados com água pura. 23Apegue-
mo-nos com firmeza à esperança que professamos, pois aquele que prometeu é fiel.

EXPLORANDO O SIGNIFICADO DO TEXTO

5. Como o sacrifício de Jesus se diferencia do antigo sistema sacrificial?

6. Por que você acha que essas duas passagens (Romanos 4 e Hebreus 10) destacam nosso acesso a Deus?

7. De que maneiras essa passagem de Hebreus ecoa a ideia de que a salvação é permanente?

....

....

....

....

A VERDADE DO TEXTO PARA OS DIAS DE HOJE

Jesus Cristo venceu o poder do pecado e da morte, mas o inverso não é verdadeiro. O pecado e a morte não podem derrotar o poder de Jesus Cristo. A condenação do pecado de Adão pode ser revertida, mas a redenção de Jesus Cristo não pode. O efeito do pecado de Adão é permanente somente se não for anulado por Cristo. Já o efeito do ato de Cristo é permanente para aqueles que creem e não pode ser revertido ou anulado. Temos a grande segurança de que, uma vez em Jesus Cristo, estamos nele para sempre.

REFLETINDO SOBRE O TEXTO

8. A. W. Pink afirmou o seguinte sobre a segurança eterna em Cristo: "É total e absolutamente impossível que a sentença do juiz divino seja alguma vez revogada ou revertida. É mais provável que os raios da onipotência destruam a Rocha Eterna do que aqueles que estão protegidos em Cristo sejam novamente condenados." Como o fato de saber que sua salvação é eternamente garantida afeta sua vida diária? Como isso faz você se sentir?

....

....

....

....

....

9. Em que momento você vivenciou o amor de Deus sendo "derramado" (v. 5)?

....

....

....

10. Que novos conhecimentos sobre Deus você adquiriu a partir dessa passagem?

....

....

....

COMO DEVO RESPONDER?

Anote suas reflexões, seus questionamentos ou uma oração, caso se sinta à vontade para fazê-lo.

....

....

....

ANOTAÇÕES

....

....

....

....

....

5

MORTOS E VIVOS

ROMANOS 6:1-23

ABORDANDO O TEXTO

Pense em uma área de sua vida em que você frequentemente lute contra o pecado. Como Deus tem ajudado a superar essas lutas?

....

....

....

CONTEXTO

Assim como um advogado habilidoso que constrói um caso à prova de falhas, o apóstolo Paulo tem apresentado de forma detalhada os fatos notáveis do evangelho. Ele versou amplamente sobre o pecado humano e a nossa incapacidade de agradar a Deus e, depois, anunciou a doutrina da justificação, a declaração divina de que os pecadores convertidos são considerados justos perante Deus. Em seguida, Paulo aborda o tema da *santidade* do crente: viver em obediência à palavra de Deus pelo poder do seu Espírito. Em resumo, Paulo procura demonstrar as implicações práticas da salvação para aqueles que foram justificados. Ele inicia uma longa discussão sobre a doutrina da santificação, que é o processo de se tornar santo.

Paulo também aborda a conclusão lógica de seus leitores: se o velho homem está morto, por que ainda lutamos constantemente contra o pecado?

E como a nova natureza em Cristo pode prevalecer agora? Sua exortação é feita em duas expressões: *considerar* (v. 11b-12) e *oferecer* (v. 13-14). A última seção do capítulo 6 continua a discussão de Paulo sobre a santificação, lembrando os leitores de sua antiga escravidão ao pecado e de sua nova escravidão à justiça. Ele deseja que vivam em submissão ao seu novo Senhor, Jesus Cristo, e evitem ser novamente enredados pelos pecados que caracterizavam sua antiga vida, que já não têm mais qualquer reivindicação sobre eles.

PRINCIPAIS ELEMENTOS DO TEXTO

Considerar. Embora signifique literalmente "contar ou numerar algo", no original, a expressão muitas vezes era usada como metáfora de confiança absoluta e incondicional no que a mente sabe ser verdadeiro, o tipo de confiança genuína que tem um impacto real em nossas ações e decisões. Paulo não se refere a jogos mentais ou autoengano, mas busca nos encorajar a abraçar com fé o que Deus revelou como verdadeiro.

Mortos para o pecado. Não se refere à luta diária do crente contra o pecado, mas, sim, a um evento único e finalizado no passado. Porque estamos "em Cristo" (Romanos 6:11; 8:1) e ele morreu em nosso lugar (Romanos 5:6-8), temos parte com ele na sua morte, como se tivéssemos morrido junto com ele. Essa é a premissa fundamental do capítulo 6, e Paulo passa o restante do capítulo explicando e apoiando essa verdade.

Não debaixo da Lei, mas debaixo da graça (6:14). Isso não significa que Deus tenha revogado sua lei moral, que ainda é boa, santa e justa. No entanto, a lei não pode ser cumprida por ninguém, e aqueles que falham em cumpri-la são condenados por ela. A lei não pode ajudar ninguém a alcançar o padrão moral de Deus (veja Romanos 7:7-11). Portanto, o crente não está mais sujeito à lei como condição para ser aceito por Deus, porque essa condição é impossível de ser cumprida e serve apenas para evidenciar a pecaminosidade do homem. Em vez disso, o crente está debaixo da graça, que o capacita a verdadeiramente cumprir os requisitos justos da lei. Veja o comentário de Paulo no capítulo 7 sobre essa expressão crucial.

DESVENDANDO O TEXTO

Leia 6:1-23, observando as palavras-chave e as definições ao lado da passagem.

ROMANOS 6:1-23

1Que diremos então? Continuaremos pecando para que a graça
aumente? 2De maneira nenhuma! Nós, os que morremos para
o pecado, como podemos continuar vivendo nele? 3Ou vocês
não sabem que todos nós, que fomos batizados em Cristo Je-
sus, fomos batizados em sua morte? 4Portanto, fomos sepulta-
dos com ele na morte por meio do batismo, a fim de que, assim
como Cristo foi ressuscitado dos mortos mediante a glória do
Pai, também nós vivamos uma vida nova.

5Se dessa forma fomos unidos a ele na semelhança da sua
morte, certamente o seremos também na semelhança da sua
ressurreição. 6Pois sabemos que o nosso velho homem foi cru-
cificado com ele, para que o corpo do pecado seja destruído, e
não mais sejamos escravos do pecado; 7pois quem morreu foi
justificado do pecado.

8Ora, se morremos com Cristo, cremos que também com ele
viveremos. 9Pois sabemos que, tendo sido ressuscitado dos
mortos, Cristo não pode morrer outra vez: a morte não tem
mais domínio sobre ele. 10Porque, morrendo, ele morreu para
o pecado uma vez por todas; mas, vivendo, vive para Deus.

11Da mesma forma, considerem-se mortos para o pecado, mas
vivos para Deus em Cristo Jesus. 12Portanto, não permitam que
o pecado continue dominando o corpo mortal de vocês, fazendo
que obedeçam aos seus desejos. 13Não ofereçam os membros do
corpo de vocês ao pecado, como instrumentos de injustiça; antes
ofereçam-se a Deus como quem voltou da morte para a vida; e
ofereçam os membros do corpo de vocês a ele, como instrumen-
tos de justiça. 14Pois o pecado não os dominará, porque vocês
não estão debaixo da Lei, mas debaixo da graça.

Continuaremos pecando (v. 1). Paulo antecipou a possível objeção de alguns céticos: "Se a salvação é totalmente baseada na graça, isso não incentivaria as pessoas a pecarem ainda mais?"

De maneira nenhuma! (v. 2). Em grego, expressão enfática que indica forte repúdio, significando a absoluta inaceitabilidade dessa ideia.

batizados em Cristo Jesus (v. 3). Não se refere a um batismo literal com água, mas, sim, a uma representação metafórica de uma pessoa sendo completamente unida e identificada com a obra de Cristo, "alterando sua condição ou relacionamento com seu ambiente ou condição anterior" (Wuest).

vida nova (v. 4). Da mesma forma que fomos unidos com Cristo em sua morte e sepultamento, assim também seremos em sua ressurreição; isso se refere à regeneração.

nosso velho homem (v. 6). Refere-se ao eu não regenerado de um crente, desgastado e sem valor.

crucificado (v. 6). Não apenas destinado a sofrer, mas completamente morto.

corpo do pecado (v. 6). Basicamente um sinônimo de "velho homem".

justificado do pecado (v. 7). Não estamos mais sob o domínio do pecado.

domínio (v. 9). Maestria, controle e dominação de algo.

15E então? Vamos pecar porque não estamos debaixo da Lei,
mas debaixo da graça? De maneira nenhuma! 16Não sabem
que, quando vocês se oferecem a alguém para lhe obedecer
como escravos, tornam-se escravos daquele a quem obede-
cem: escravos do pecado que leva à morte, ou da obediência
que leva à justiça? 17Mas, graças a Deus, porque, embora vo-
cês tenham sido escravos do pecado, passaram a obedecer de
coração à forma de ensino que lhes foi transmitida. 18Vocês
foram libertados do pecado e tornaram-se escravos da justiça.
19Falo isso em termos humanos, por causa das suas limita-
ções humanas. Assim como vocês ofereceram os membros do
seu corpo em escravidão à impureza e à maldade que leva à
maldade, ofereçam-nos agora em escravidão à justiça que leva
à santidade. 20Quando vocês eram escravos do pecado, estavam
livres da justiça. 21Que fruto colheram então das coisas das quais
agora vocês se envergonham? O fim delas é a morte! 22Mas ago-
ra que vocês foram libertados do pecado e se tornaram escravos
de Deus o fruto que colhem leva à santidade, e o seu fim é a vida
eterna. 23Pois o salário do pecado é a morte, mas o dom gratuito
de Deus é a vida eterna em Cristo Jesus, nosso Senhor.

corpo mortal (v. 12). O único local onde o pecado ainda encontra uma brecha de vulnerabilidade no crente.

ofereçam (v. 13). Refere-se a uma decisão deliberada e consciente da vontade.

os membros (v. 13). As partes do corpo físico nas quais o pecado opera na vida de um crente.

limitações humanas (v. 19). A dificuldade humana em compreender a verdade de Deus.

1. Como Paulo responde à ideia de que os crentes em Cristo continuariam vivendo da mesma forma que viviam quando eram incrédulos?

....

....

....

2. O que Paulo diz que ocorreu com nossa velha natureza?

....

....

....

3. Quais são as coisas que os crentes precisam “saber”? E como esse “saber” é diferente do “considerar” (v. 11) ordenado aos crentes?

4. Quais são as três coisas que fazem parte do processo de santificação (v. 6,11,13)?

CAVANDO MAIS FUNDO

Veja as semelhanças entre Colossenses 3 e o que você tem estudado no capítulo 6.

COLOSSENSES 3:1-11

1Portanto, já que vocês ressuscitaram com Cristo, procurem as coisas que são do alto, onde
Cristo está assentado à direita de Deus. 2Mantenham o pensamento nas coisas do alto, e não
nas coisas terrenas. 3Pois vocês morreram, e agora a sua vida está escondida com Cristo em
Deus. 4Quando Cristo, que é a sua vida, for manifestado, então vocês também serão manifes-
tados com ele em glória.

5Assim, façam morrer tudo o que pertence à natureza terrena de vocês: imoralidade sexual,
impureza, paixão, desejos maus e a ganância, que é idolatria. 6É por causa dessas coisas que
vem a ira de Deus sobre os que vivem na desobediência, 7as quais vocês praticaram no passado,
quando costumavam viver nelas. 8Mas, agora, abandonem todas estas coisas: ira, indignação,
maldade, maledicência e linguagem indecente no falar. 9Não mintam uns aos outros, visto que
vocês já se despiram do velho homem com suas práticas 10e se revestiram do novo, o qual está
sendo renovado em conhecimento, à imagem do seu Criador. 11Nessa nova vida já não há dife-
rença entre grego e judeu, circunciso e incircunciso, bárbaro e cita, escravo e livre, mas Cristo é
tudo e está em todos.

EXPLORANDO O SIGNIFICADO DO TEXTO

5. Por que os cristãos devem "despir-se" e "vestir-se" de determinadas coisas?

....

....

....

....

6. Se os cristãos estão realmente mortos para o pecado e vivos para Deus, por que ainda lutamos tanto contra tentações?

....

....

....

....

7. Essas passagens ensinam duas verdades: (1) Deus é aquele que nos transforma, a santificação é pela sua graça; e (2) durante o processo de santificação, somos chamados a praticar certos comportamentos e evitar outros. Como você conciliaria esses fatos?

....

....

....

....

A VERDADE DO TEXTO PARA OS DIAS DE HOJE

Jesus Cristo não está em busca de pessoas que queiram apenas adicioná-lo à vida como um seguro contra o inferno. Ele não procura quem deseje apenas aplicar seus altos princípios morais na vida, mas sem transformação interior. Ele não procura quem busque apenas uma melhoria externa, mantendo sua natureza antiga. Jesus Cristo chama para si aqueles que estão dispostos a serem transformados interiormente por ele, desejando uma nova natureza criada totalmente à sua imagem santa. Ele chama para si aqueles que estão dispostos a morrer com ele para também ressuscitar com ele, dispostos a renunciar à escravidão do pecado pela escravidão à sua justiça. Quando as pessoas vêm a ele conforme as estipulações dele, ele transforma seus destinos, mudando-os da sentença de morte eterna para a vida eterna.

REFLETINDO SOBRE O TEXTO

8. O que você entende por aceitar Jesus em sua totalidade, sem tentar impor suas próprias condições ou restrições? Você está disposto(a) a abandonar suas inclinações pecaminosas e permitir que ele transforme você de dentro para fora?

....

....

....

....

9. O renomado teólogo Charles Hodge resumiu: "É impossível participar da vida de Cristo sem participar de sua morte e não podemos desfrutar dos benefícios de sua morte sem nos tornarmos participantes do poder de sua vida. Devemos ser reconciliados com Deus para sermos santos e não podemos ser reconciliados sem isso nos tornar santos". Quais são os obstáculos em sua vida que dificultam sua busca por santidade? E quais são os elementos que a favorecem?

....

....

....

....

10. Na jornada de santificação, conforme descrita em três etapas nessa passagem (conhecer, considerar e oferecer), em qual área você enfrenta mais desafios? Na compreensão profunda das verdades da salvação de Deus e na convicção delas ou na escolha diária de viver de acordo com elas? Explique.

....

....

....

....

COMO DEVO RESPONDER?

Anote suas reflexões, seus questionamentos ou uma oração, caso se sinta à vontade para fazê-lo.

....

....

....

ANOTAÇÕES

....

....

....

....

....

....

....

6 LIVRES DA LEI

ROMANOS 7:1-25

ABORDANDO O TEXTO

Você se considera uma pessoa que segue rigidamente as regras? Por quê?

....

....

....

....

Peça a Deus para que lhe revele novas verdades neste estudo acerca do poder dele sobre o pecado e do seu amor por você.

....

....

....

....

CONTEXTO

Nessa obra doutrinária, Paulo, um teólogo experiente, começa constatando o triste estado pecaminoso da humanidade, condenando a todos. No entanto, as boas notícias trazem o milagre da *justificação*, que é a justiça de Deus disponível pela graça por meio da fé. Mas o evangelho que Deus revelou a Paulo não para por aí. Ele também inclui a *santificação*, que é a transformação dos pecadores redimidos, para que se tornem semelhantes a Cristo, por meio de uma identificação completa com sua morte, sepultamento e ressurreição.

Sabendo que seus leitores, especialmente os de origem judaica, teriam muitas dúvidas sobre o relacionamento das leis do Antigo Testamento com a fé em Cristo, Paulo se põe a explicar que a lei conscientiza os incrédulos (e os crentes) do pecado, mas não pode libertar ninguém dele. Paulo também aborda o porquê dos crentes ainda lutarem com desejos pecaminosos.

PRINCIPAIS ELEMENTOS DO TEXTO

A lei. Na Bíblia, especialmente no Antigo Testamento, um código de lei único foi estabelecido por revelação direta de Deus, a fim de orientar seu povo em sua adoração, em seu relacionamento com ele e em suas relações sociais uns com os outros. Israel não foi a única nação a ter um código de lei. Eles são encontrados em várias nações do mundo antigo. O código de lei bíblico, ou a Lei Mosaica, era diferente de outros códigos de lei do Antigo Oriente Próximo em várias maneiras. Primeiramente, a lei bíblica era diferente em sua origem. Em todo o mundo antigo, as leis da maioria das nações eram vistas como vindas dos deuses, mas consideravelmente pessoais e subjetivas em sua aplicação. Em contraste, a Bíblia afirma que a lei vem de Deus, emana de sua natureza e é santa, justa e boa. Além disso, na instituição do governo de Deus sobre Israel, no Sinai, Deus, o grande Rei, deu suas leis. Elas eram obrigatórias para o seu povo e ele as sustentava. Ademais, suas leis eram universais e expressão de seu amor por seu povo (Êxodo 19:5-6). Se a salvação sempre foi pela fé e não por obras e se a promessa da aliança com Abraão foi cumprida em Jesus Cristo, qual foi o propósito da Lei? Paulo oferece uma resposta clara e séria: o propósito da Lei era evidenciar ao homem sua total pecaminosidade, sua incapacidade de agradar a Deus por suas próprias obras e sua necessidade de misericórdia e graça (*Nelson's new illustrated Bible dictionary* [Novo dicionário ilustrado da Bíblia de Nelson]).

DESVENDANDO O TEXTO

Leia 7:1-25, observando as palavras-chave e definições ao lado da passagem.

ROMANOS 7:1-25

1Meus irmãos, falo a vocês como a pessoas que conhecem a lei.
Acaso vocês não sabem que a lei tem autoridade sobre alguém
apenas enquanto ele vive? 2Por exemplo, pela lei a mulher ca-
sada está ligada a seu marido enquanto ele estiver vivo; mas,
se o marido morrer, ela estará livre da lei do casamento. 3Por
isso, se ela se casar com outro homem enquanto seu marido
ainda estiver vivo, será considerada adúltera. Mas, se o marido
morrer, ela estará livre daquela lei e, mesmo que venha a se
casar com outro homem, não será adúltera.

4Assim, meus irmãos, vocês também morreram para a Lei,
por meio do corpo de Cristo, para pertencerem a outro, àquele
que ressuscitou dos mortos, a fim de que venhamos a dar fru-
to para Deus. 5Pois quando éramos controlados pela carne, as
paixões pecaminosas despertadas pela Lei atuavam em nosso
corpo, de forma que dávamos fruto para a morte. 6Mas agora,
morrendo para aquilo que antes nos prendia, fomos libertados
da Lei, para que sirvamos conforme o novo modo do Espírito, e
não segundo a velha forma da Lei escrita.

7Que diremos então? A Lei é pecado? De maneira nenhuma!
De fato, eu não saberia o que é pecado, a não ser por meio da
Lei. Pois, na realidade, eu não saberia o que é cobiça, se a Lei
não dissesse: "Não cobiçarás". 8Mas o pecado, aproveitando a
oportunidade dada pelo mandamento, produziu em mim todo
tipo de desejo cobiçoso. Pois, sem a Lei, o pecado está morto.
9Antes eu vivia sem a Lei, mas, quando o mandamento veio, o
pecado reviveu, e eu morri. 10Descobri que o próprio manda-
mento, destinado a produzir vida, na verdade produziu morte.
11Pois o pecado, aproveitando a oportunidade dada pelo man-
damento, enganou-me e por meio do mandamento me matou.

12De fato a Lei é santa, e o mandamento é santo, justo e
bom. 13E então, o que é bom se tornou em morte para mim?

autoridade (v. 1). Competência ou jurisdição.

vocês também morreram (v. 4). Significa que, em resposta à fé de um pecador, Deus faz com que esteja para sempre livre da condenação e da pena da lei, como se estivesse morto para elas.

pertencerem a outro (v. 4). Unido com Cristo em um relacionamento eterno.

fruto (v. 4). Uma vida transformada que manifesta novas atitudes e ações.

carne (v. 5). A humanidade não resgatada em cada pessoa, ou seja, o vestígio do velho homem que permanecerá em cada crente até que recebam seus corpos glorificados.

paixões pecaminosas (v. 5). Fortes inclinações para pensar e agir maliciosamente.

despertadas pela Lei (v. 5). Quando são impostas restrições ao incrédulo, sua natureza rebelde é despertada.

fruto para a morte (v. 5). O pecado traz uma colheita de julgamento eterno na vida de quem não crê.

libertados da Lei (v. 6). Porque morremos em Cristo, não estamos mais sujeitos à condenação e penas da Lei.

velha forma da Lei escrita (v. 6). O conjunto externo e escrito de leis que resultava apenas em condenação.

A Lei é pecado? (v. 7). Paulo queria garantir que seus leitores entendessem que a lei não era im-

De maneira nenhuma! Mas, para que o pecado se mostrasse
como pecado, ele produziu morte em mim por meio do que era
bom, de modo que por meio do mandamento ele se mostrasse
extremamente pecaminoso.

14Sabemos que a Lei é espiritual; eu, contudo, não o sou, pois
fui vendido como escravo ao pecado. 15Não entendo o que faço.
Pois não faço o que desejo, mas o que odeio. 16E, se faço o que
não desejo, admito que a Lei é boa. 17Nesse caso, não sou mais
eu quem o faz, mas o pecado que habita em mim. 18Sei que nada
de bom habita em mim, isto é, em minha carne. Porque tenho o
desejo de fazer o que é bom, mas não consigo realizá-lo. 19Pois o
que faço não é o bem que desejo, mas o mal que não quero fazer
esse eu continuo fazendo. 20Ora, se faço o que não quero, já não
sou eu quem o faz, mas o pecado que habita em mim.

21Assim, encontro esta lei que atua em mim: Quando quero
fazer o bem, o mal está junto de mim. 22No íntimo do meu ser
tenho prazer na Lei de Deus; 23mas vejo outra lei atuando nos
membros do meu corpo, guerreando contra a lei da minha men-
te, tornando-me prisioneiro da lei do pecado que atua em meus
membros. 24Miserável homem que eu sou! Quem me libertará
do corpo sujeito a esta morte? 25Graças a Deus por Jesus Cristo,
nosso Senhor! De modo que, com a mente, eu próprio sou escra-
vo da Lei de Deus; mas, com a carne, da lei do pecado.

perfeita ou má, mas, sim, um farol que apontava o mal.

oportunidade (v. 8). Uma referência inicial ou base para operações.

morto (v. 8). Ou seja, inativo.

o pecado [...] enganou-me (v. 11). No sentido de fazer as pessoas pensarem que poderiam encontrar vida obedecendo à Lei.

eu, contudo, não o sou (v. 14). Ao dizer que não é espiritual, Paulo está indicando que é carnal (aliás, é literalmente o que está original [*ego de sarkinós*, "sou carnal"] e está também refletido em versões como a ARA ["eu, todavia, sou carnal"]). Literalmente, "da carne", ou seja, aprisionado em sua humanidade não redimida; Paulo não está na carne, mas a carne está nele.

o pecado que habita em mim (v. 17). O pecado de Paulo não provém de sua nova natureza redimida, mas, sim, de sua humanidade não redimida ou carne.

lei da minha mente (v. 23). Equivalente a um novo eu interior.

libertará (v. 24). Resgatar do perigo, como um soldado puxando seu colega ferido do campo de batalha.

1. Que ilustração Paulo usa para explicar como oscrentes estão mortos para a lei?

2. Sublinhe todas as referências à lei nessa passagem. Circule palavras e frases que falem sobre pecado.

....

....

....

3. Com o que Paulo disse que lutaríamos pelo resto da vida (v. 1)?

....

....

....

4. Como é possível conciliar a afirmação de Paulo de que o crente é uma nova criação, morto para o pecado, no capítulo 6, com sua admissão de uma luta intensa contra o pecado no capítulo 7?

....

....

....

CAVANDO MAIS FUNDO

Veja a profunda consideração do salmista acerca da lei de Deus em Salmos 19:7-11.

SALMOS 19:7-11

7A lei do Senhor é perfeita
e revigora a alma.
Os testemunhos do Senhor são dignos de confiança
e tornam sábios os inexperientes.
8Os preceitos do Senhor são justos
e dão alegria ao coração.

Os mandamentos do Senhor são límpidos
e trazem luz aos olhos.
9 O temor do Senhor é puro
e dura para sempre.
As ordenanças do Senhor são verdadeiras,
são todas elas justas.
10 São mais desejáveis
do que o ouro, do que muito ouro puro;
são mais doces do que o mel,
do que as gotas do favo.
11 Por elas o teu servo é advertido;
há grande recompensa em obedecer-lhes.

EXPLORANDO O SIGNIFICADO DO TEXTO

5. Quais são os benefícios de conhecer e obedecer a Palavra de Deus?

....

....

....

....

....

6. Há uma contradição entre a visão de Paulo de que a Lei é um código implacável de condenação e o afeto evidente de Davi pela Lei no salmo 19? Por quê?

....

....

....

....

....

7. Leia 1Pedro 2:11. Como esses deveres sociais refletem a luta interna descrita por Paulo nessa passagem?

....

....

....

....

8. Em última instância, onde Paulo encontrou esperança em sua luta para viver de acordo com os mandamentos de Deus?

....

....

....

....

A VERDADE DO TEXTO PARA OS DIAS DE HOJE

O pecado é tão miserável e poderoso que, mesmo em uma pessoa redimida, ele persiste e contamina sua vida, frustrando seu desejo interior de obedecer à vontade de Deus.

REFLETINDO SOBRE O TEXTO

9. Em quais áreas você fica frustrado com suas inclinações pecaminosas? Com base no capítulo 7, quão eficaz é o legalismo na batalha contra a natureza carnal?

....

....

....

10. Qual aprendizado dessa passagem te traz convicção? Qual te traz conforto? Por quê?

....

....

....

11. Pense em uma coisa que você deveria fazer em sua vida. Pense em algo que você não deveria estar fazendo. Escreva esses itens no espaço abaixo e use-os como foco de oração na semana que vem.

....

....

....

COMO DEVO RESPONDER?

Anote suas reflexões, seus questionamentos ou uma oração, caso se sinta à vontade para fazê-lo.

....

....

....

ANOTAÇÕES

....

....

....

....

....

7

NO ESPÍRITO

ROMANOS 8:1-39

ABORDANDO O TEXTO

Jesus fez a promessa de que o Espírito Santo viria aos seus seguidores. Quando você pensa sobre o Espírito Santo, quais pensamentos vêm à mente? Quais dúvidas você tem?

....

....

....

CONTEXTO

Nos primeiros sete capítulos de Romanos, o Espírito Santo de Deus é mencionado apenas uma vez. Já no capítulo 8, Paulo menciona o Espírito quase vinte vezes. É o Espírito que nos liberta do pecado e da morte, capacita-nos a cumprir a lei de Deus, transforma nossa natureza, dá-nos a habilidade de vencer os desejos da nossa carne não redimida, confirma nossa adoção como filhos de Deus e garante a nossa glória eterna. Em resumo, não pode haver sucesso ou avanço na vida cristã sem dependermos completamente da terceira pessoa da Trindade.

Paulo termina o capítulo com um ensinamento profundo sobre a segurança absoluta do crente. Não apenas somos salvos pelo sangue de Cristo e habitados pelo Espírito, mas também estamos seguros no amor do Pai. O Deus que está no controle de todas as coisas, que graciosamente nos salvou do pecado e da morte e começou o processo de transformação em nós, jamais nos abandonará.

PRINCIPAIS ELEMENTOS DO TEXTO

Espírito Santo. O Espírito Santo é o agente divino que cria, sustenta e preserva a vida espiritual daqueles que depositam sua confiança em Jesus Cristo. O Espírito Santo não é meramente uma influência ou força impessoal que emana de Deus. Ele é uma pessoa, a terceira pessoa da Trindade, igual em todos os aspectos a Deus, o Pai, e a Deus, o Filho. Entre as muitas características de personalidade manifestadas pelo Espírito Santo estão: ter mente, emoções e vontade ativa; demonstrar amor pelos santos, comunicar-se com eles, ensinar, orientar, consolar e disciplina-los; poder ser entristecido, apagado, desafiado, testado, resistido e blasfemado. É chamado de Deus, Senhor, o Espírito de Deus, o Espírito do Senhor, o Espírito de Yahweh (ou Jeová), o Espírito do Pai, o Espírito do Filho, o Espírito de Jesus, e o Consolador e Advogado dos crentes.

Desde o Pentecoste, o Espírito Santo tem habitado em todos os crentes, iluminando sua compreensão e aplicação da Palavra de Deus. Ele os preenche, sela, comunica, comunga, intercede, conforta, admoesta, santifica e capacita a resistir ao pecado e a servir a Deus.

DESVENDANDO O TEXTO

Leia 8:1-39, observando as palavras-chave e definições ao lado da passagem.

ROMANOS 8:1-39

1Portanto, agora já não há condenação para os que estão em
Cristo Jesus,2porque por meio de Cristo Jesus a lei do Espíri-
to de vida me libertou da lei do pecado e da morte. 3Porque,
aquilo que a Lei fora incapaz de fazer por estar enfraquecida
pela carne, Deus o fez, enviando seu próprio Filho, à semelhan-
ça do homem pecador, como oferta pelo pecado. E assim con-
denou o pecado na carne, 4a fim de que as justas exigências
da Lei fossem plenamente satisfeitas em nós, que não vivemos
segundo a carne, mas segundo o Espírito.

Portanto (v. 1). Aqui, Paulo resume as ramificações das verdades apresentadas nos capítulos 1 a 7.

condenação (v. 1). Termo jurídico que significa um veredicto de culpa; oposto de justificação.

lei do Espírito de vida (v. 2). O evangelho, a lei da fé.

lei do pecado e da morte (v. 2). A lei perfeita de Deus que, dada a fraqueza da carne, produz apenas condenação.

5Quem vive segundo a carne tem a mente voltada para o
que a carne deseja; mas quem vive de acordo com o Espírito
tem a mente voltada para o que o Espírito deseja. 6A mentali-
dade da carne é morte, mas a mentalidade do Espírito é vida e
paz; 7a mentalidade da carne é inimiga de Deus porque não se
submete à Lei de Deus, nem pode fazê-lo. 8Quem é dominado
pela carne não pode agradar a Deus.

9Entretanto, vocês não estão sob o domínio da carne, mas
do Espírito, se de fato o Espírito de Deus habita em vocês. E,
se alguém não tem o Espírito de Cristo, não pertence a Cristo.
10Mas, se Cristo está em vocês, o corpo está morto por causa do
pecado, mas o espírito está vivo por causa da justiça. 11E, se o
Espírito daquele que ressuscitou Jesus dentre os mortos habi-
ta em vocês, aquele que ressuscitou a Cristo dentre os mortos
também dará vida a seus corpos mortais, por meio do seu Es-
pírito, que habita em vocês.

12Portanto, irmãos, estamos em dívida, não para com a car-
ne, para vivermos sujeitos a ela. 13Pois, se vocês viverem de
acordo com a carne, morrerão; mas, se pelo Espírito fizerem
morrer os atos do corpo, viverão, 14porque todos os que são
guiados pelo Espírito de Deus são filhos de Deus. 15Pois vocês
não receberam um espírito que os escravize para novamen-
te temerem, mas receberam o Espírito que os torna filhos por
adoção, por meio do qual clamamos: "Aba, Pai". 16O próprio Es-
pírito testemunha ao nosso espírito que somos filhos de Deus.
17Se somos filhos, então somos herdeiros; herdeiros de Deus e
co-herdeiros com Cristo, se de fato participamos dos seus sofri-
mentos, para que também participemos da sua glória.

18Considero que os nossos sofrimentos atuais não podem ser
comparados com a glória que em nós será revelada. 19A natu-
reza criada aguarda, com grande expectativa, que os filhos de
Deus sejam revelados. 20Pois ela foi submetida à inutilidade,
não pela sua própria escolha, mas por causa da vontade da-
quele que a sujeitou, na esperança 21de que a própria natureza
criada será libertada da escravidão da decadência em que se
encontra, recebendo a gloriosa liberdade dos filhos de Deus.

à semelhança do homem pecador (v. 3). Cristo era completamente humano, mas não compartilhava a humanidade não redimida ou natureza carnal dos pecadores.

vivemos (v. 4). Maneira de viver das pessoas.

tem a mente voltada (v. 5). Uma orientação ou disposição básica da mente focada em satisfazer os desejos da carne.

mentalidade do Espírito (v. 6). Foco nas coisas do Espírito.

habita (v. 9). Isto é, faz sua morada.

fizerem morrer os atos do corpo (v. 13). Contínua jornada de confiar na força do Espírito Santo para resistir às tentações da carne e cumprir os mandamentos de Deus ao longo da vida.

guiados pelo Espírito (v. 14). Geralmente, iluminando as Escrituras para que nossa mente pecaminosa e finita possa compreender a vontade de Deus.

espírito que os escravize para novamente temerem (v. 15). Dados os efeitos do pecado e ao temor da punição, aqueles que não foram redimidos não experimentam uma paz duradoura.

testemunha ao nosso espírito (v. 16). Por meio de evidências de frutificação e poder, não por vozes místicas.

herdeiros (v. 17). Nós estamos destinados a herdar tudo o que Deus é e tem..

inutilidade (v. 20). Referência aos efeitos da maldição (Gênesis 3:17-19).

A natureza criada aguarda [...] gememos (v. 19-23). Anseio universal pela remoção do mal.

22Sabemos que toda a natureza criada geme até agora,
como em dores de parto. 23E não só isso, mas nós mesmos,
que temos os primeiros frutos do Espírito, gememos interior-
mente, esperando ansiosamente nossa adoção como filhos, a
redenção do nosso corpo. 24Pois nessa esperança fomos salvos.
Mas esperança que se vê não é esperança. Quem espera por
aquilo que está vendo? 25Mas, se esperamos o que ainda não
vemos, aguardamo-lo pacientemente.

26Da mesma forma o Espírito nos ajuda em nossa fraqueza,
pois não sabemos como orar, mas o próprio Espírito intercede
por nós com gemidos inexprimíveis. 27E aquele que sonda os
corações conhece a intenção do Espírito, porque o Espírito in-
tercede pelos santos de acordo com a vontade de Deus.

28Sabemos que Deus age em todas as coisas para o bem da-
queles que o amam, dos que foram chamados de acordo com o
seu propósito. 29Pois aqueles que de antemão conheceu, tam-
bém os predestinou para serem conformes à imagem de seu
Filho, a fim de que ele seja o primogênito entre muitos irmãos.
30E aos que predestinou, também chamou; aos que chamou,
também justificou; aos que justificou, também glorificou.

31Que diremos, pois, diante dessas coisas? Se Deus é por nós,
quem será contra nós? 32Aquele que não poupou seu próprio
Filho, mas o entregou por todos nós, como não nos dará com
ele, e de graça, todas as coisas? 33Quem fará alguma acusa-
ção contra os escolhidos de Deus? É Deus quem os justifica.
34Quem os condenará? Foi Cristo Jesus que morreu; e mais, que
ressuscitou e está à direita de Deus, e também intercede por
nós. 35Quem nos separará do amor de Cristo? Será tribulação,
ou angústia, ou perseguição, ou fome, ou nudez, ou perigo, ou
espada? 36Como está escrito:

> "Por amor de ti enfrentamos
> a morte todos os dias;
> somos considerados
> como ovelhas
> destinadas ao matadouro".

primeiros frutos do Espírito (v. 23). As transformações que Deus opera em nós são evidências da verdade de que um dia teremos a mesma natureza de Cristo.

gemidos inexprimíveis (v. 26). Interlocuções divinas que ocorrem dentro da Trindade; apelos profundos em favor do bem-estar do povo de Deus.

age em todas as coisas para o bem daqueles que o amam (v. 28). Nosso Deus soberano orquestra cada evento na vida para trazer glória a si mesmo e beneficiar (temporal ou eternamente) seus filhos.

de antemão conheceu (v. 29). Não se trata de onisciência, mas, sim, da escolha divina de amar-nos e estabelecer um relacionamento conosco.

predestinou (v. 30). Literalmente, "marcar", "designar" ou "determinar antecipadamente".

se (v. 31). Uma vez que.

[37]Mas em todas estas coisas somos mais que vencedores,
por meio daquele que nos amou. [38]Pois estou convencido de
que nem morte nem vida, nem anjos nem demônios, nem o
presente nem o futuro, nem quaisquer poderes, [39]nem altura
nem profundidade, nem qualquer outra coisa na criação será
capaz de nos separar do amor de Deus que está em Cristo Jesus, nosso Senhor.

1. Registre os diversos nomes para o Espírito que Paulo utiliza.

2. De acordo com esse capítulo, quais ações/ministérios o Espírito Santo realiza em nós, por meio de nós e para nós?

3. Como a presença e a atuação do Espírito transformam nossa essência?

4. O que Paulo quer dizer com as referências a “gemidos” nesse capítulo (v. 22-23)?

....

....

....

....

CAVANDO MAIS FUNDO

Considere a promessa de Cristo do envio do Espírito para seus seguidores feita na Última Ceia.

JOÃO 14:15-17

15“Se vocês me amam, obedecerão aos meus mandamentos. 16E eu pedirei ao Pai, e ele
dará a vocês outro Conselheiro para estar com vocês para sempre, 17o Espírito da verdade.
O mundo não pode recebê-lo, porque não o vê nem o conhece. Mas vocês o conhecem, pois
ele vive com vocês e estará em vocês.

EXPLORANDO O SIGNIFICADO DO TEXTO

5. O que você aprendeu sobre o Espírito com esse estudo?

....

....

....

6. Como a promessa em João 14:17 se relaciona com a promessa de Romanos 8:35–39?

....

....

....

7. Leia Gálatas 5:22-23. Como a presença dessas qualidades em sua vida pode trazer um senso de esperança e expectativa?

A VERDADE DO TEXTO PARA OS DIAS DE HOJE

A vida cheia do Espírito não é obtida por meio de experiências místicas ou extáticas, mas, sim, por meio do estudo da Escritura e da submissão a ela. À medida que um crente se enche de maneira fiel e submissa com a verdade de Deus em sua mente e coração, seu comportamento, guiado pelo Espírito, fluirá de forma natural, assim como a noite segue o dia. Quando estamos cheios da verdade de Deus e somos guiados pelo seu Espírito, até mesmo nossas reações involuntárias, aquelas que ocorrem quando não temos tempo para decidir conscientemente o que fazer ou dizer, serão piedosas.

REFLETINDO SOBRE O TEXTO

8. Por que é importante ler e conhecer a Palavra de Deus, de acordo com a declaração acima? E como isso se relaciona com ser guiado pelo Espírito?

9. Como o Espírito Santo não foi dado para proporcionar apenas experiências extáticas e prazerosas, mas, sim, para promover uma transformação em nós. Conforme afirmou o teólogo escocês David Brown, "Se você não matar o pecado, o pecado te matará". Na prática, de que forma o Espírito de Deus que habita em nós pode nos fortalecer nessa batalha cotidiana contra o pecado?

....

....

....

....

10. Em uma escala de 1 a 10, sendo 1 "carnal" e 10 "semelhante a Cristo", como você avaliaria sua "vida no Espírito" atualmente? O que você precisa mudar?

....

....

....

....

11. Reflita sobre Romanos 8:35-39. Como essa benção do amor de Deus te traz encorajamento?

....

....

....

....

COMO DEVO RESPONDER?

Anote suas reflexões, seus questionamentos ou uma oração, caso se sinta à vontade para fazê-lo.

ANOTAÇÕES

8

ISRAEL E O PLANO ETERNO DE DEUS

ROMANOS 9:1—11:36

ABORDANDO O TEXTO

Neste estudo, vamos examinar o papel de Israel no plano de Deus. Durante séculos, muitos cristãos professos têm alimentado o antissemitismo, resultando em terríveis perseguições ao povo judeu. Por outro lado, outros cristãos têm sido grandes apoiadores de Israel. Por que você acha que há tantas propostas conflitantes ao longo dos séculos em relação ao povo judeu?

....

....

....

....

CONTEXTO

Os capítulos de 9 a 11 de Romanos são uma das passagens mais fascinantes do Novo Testamento, repletos de doutrina essencial e prática, com foco em Israel como o povo escolhido de Deus. Alguns argumentam que esses capítulos são um corpo de ensinamentos secundários, em grande parte não relacionados ao restante da epístola. No entanto, se Paulo tivesse omitido os capítulos de 9 a 11, a coerência do argumento geral e o fluxo da carta seriam interrompidos. Sua bela canção de louvor, esperança e segurança no final do capítulo 8 flui naturalmente até o capítulo 12.

No entanto, esse apóstolo judeu aos gentios precisava esclarecer algumas verdades sobre Israel, além de refutar algumas falsidades vigentes que muitos dos primeiros crentes judeus aceitavam como verdade. Ele lida com a hipótese de que, à luz da oferta de salvação de Cristo aos gentios, os judeus teriam sido abandonados por Deus como povo. Eles ainda têm um lugar ou propósito único no plano de redenção de Deus? Se eram o povo escolhido de Deus, por que rejeitaram tão obstinadamente o Messias?

Paulo, com sabedoria profunda e argumentos piedosos, mostra que Deus, sendo soberano, será fiel em cumprir todas as suas promessas e que Israel ainda tem um papel futuro nos planos de Deus.

PRINCIPAIS ELEMENTOS DO TEXTO

Aliança. Uma aliança é uma promessa, acordo ou contrato legalmente vinculativo. No Novo Testamento, a palavra "aliança" é usada no plural três vezes (Gálatas 4:24; Efésios 2:12). Com exceção de uma, todas as alianças de Deus com o homem são eternas e unilaterais — em outras palavras, as alianças são válidas até o fim dos tempos e Deus promete cumprir suas promessas com base em seu caráter, independentemente da resposta ou ações daqueles que são beneficiários das promessas. As seis alianças bíblicas incluem: (1) a aliança com Noé (Gênesis 9:8-17); (2) a aliança com Abraão (Gênesis 12:1-3); (3) a aliança da lei dada por meio de Moisés no Sinai (Êxodo 19-31); (4) a aliança sacerdotal (Números 25:10-13); (5) a aliança de um reino eterno por meio do grande Filho de Davi (2Samuel 7:8-16); e (6) a nova aliança (Jeremias 31:31-34; Ezequiel 37:26; cf. Hebreus 8:6-13). Todas, exceto a Aliança Mosaica, são eternas e unilaterais. Essa última não é mais válida, uma vez que o pecado de Israel a revogou e foi substituída pela nova aliança (cf. Hebreus 8:7-13).

Soberania de Deus. Termo teológico que se refere ao poder ilimitado de Deus, que tem controle soberano sobre os assuntos da natureza e da história.

A Bíblia declara que Deus está trabalhando em seu plano soberano de redenção para o mundo e que o desfecho é certo. A história da redenção, que vai de Gênesis a Apocalipse, só é possível porque o Deus soberano ama o mundo criado mesmo caído, sendo capaz de tomar providências em relação a esse estado de queda. Sem o amor soberano de Deus ministrado a nós por meio do Filho e do Espírito Santo, não haveria verdadeira liberdade humana nem esperança de vida eterna. A soberania de Deus não é a soberania de um tirano, mas a providência amorosa de um Deus gracioso. O crente que não vive a confiança na soberania de Deus sentirá uma imensa falta da paz de Deus e ficará sujeito a confusão e agitação em seu coração. Por confiarmos plenamente no Senhor, seremos capazes de expressar gratidão mesmo em meio às provações, pois contamos com a presença constante da paz de Deus para nos proteger o coração. (*Nelson's new illustrated Bible dictionary* [Novo dicionário ilustrado da Bíblia de Nelson].)

DESVENDANDO O TEXTO

Leia 9:1—11:36, observando as palavras-chave e definições ao lado da passagem.

ROMANOS 9:1—11:36

1Digo a verdade em Cristo, não minto; minha consciência o
confirma no Espírito Santo: 2tenho grande tristeza e constante
angústia em meu coração. 3Pois eu até desejaria ser amaldi-
çoado e separado de Cristo por amor de meus irmãos, os de
minha raça, 4o povo de Israel. Deles é a adoção de filhos; deles
são a glória divina, as alianças, a concessão da Lei, a adoração
no templo e as promessas. 5Deles são os patriarcas, e a partir
deles se traça a linhagem humana de Cristo, que é Deus acima
de todos, bendito para sempre! Amém.

6Não pensemos que a palavra de Deus falhou. Pois nem to-
dos os descendentes de Israel são Israel. 7Nem por serem des-
cendentes de Abraão passaram todos a ser filhos de Abraão. Ao
contrário: "Por meio de Isaque a sua descendência será consi-
derada". 8Noutras palavras, não são os filhos naturais que são
filhos de Deus, mas os filhos da promessa é que são considera-

amaldiçoado (v. 3). Em grego, "anátema", que significa "dedicar à destruição no inferno eterno".

glória (v. 4). *Shekinah*, uma nuvem que simboliza a presença de Deus no Santo dos Santos ou entre o seu povo.

alianças (v. 4). Acordos ou contratos legalmente vinculativos, usado aqui para se referir às promessas de Deus ao seu povo.

patriarcas (v. 5). Os patriarcas de Israel.

filhos naturais (v. 8). Filhos de Abraão com Hagar e com Quetura.

dos descendência de Abraão. 9Pois foi assim que a promessa foi
feita: "No tempo devido virei novamente, e Sara terá um filho".

10E esse não foi o único caso; também os filhos de Rebe-
ca tiveram um mesmo pai, nosso pai Isaque. 11Todavia, antes
que os gêmeos nascessem ou fizessem qualquer coisa boa ou
má — a fim de que o propósito de Deus conforme a eleição
permanecesse, 12não por obras, mas por aquele que chama —
foi dito a ela: "O mais velho servirá ao mais novo". 13Como está
escrito: "Amei Jacó, mas rejeitei Esaú".

não por obras, mas por aquele que chama (v. 11). Deus escolheu Jacó antes de ele nascer, desconsiderando qualquer mérito humano, para mostrar que a eleição é uma decisão exclusiva de Deus.

14E então, que diremos? Acaso Deus é injusto? De maneira
nenhuma! 15Pois ele diz a Moisés:

"Terei misericórdia de quem
eu quiser ter misericórdia
e terei compaixão de quem
eu quiser ter compaixão".

16Portanto, isso não depende do desejo ou do esforço hu-
mano, mas da misericórdia de Deus. 17Pois a Escritura diz ao
faraó: "Eu o levantei exatamente com este propósito: mostrar
em você o meu poder e para que o meu nome seja proclamado
em toda a terra". 18Portanto, Deus tem misericórdia de quem
ele quer e endurece a quem ele quer.

do desejo ou do esforço (v. 16). A salvação não é uma iniciativa humana.

19Mas algum de vocês me dirá: "Então, por que Deus ainda
nos culpa? Pois quem resiste à sua vontade?" 20Mas quem é
você, ó homem, para questionar a Deus? "Acaso aquilo que é
formado pode dizer ao que o formou: 'Por que me fizeste as-
sim?'" 21O oleiro não tem direito de fazer do mesmo barro um
vaso para fins nobres e outro para uso desonroso?

22E se Deus, querendo mostrar a sua ira e tornar conhecido o
seu poder, suportou com grande paciência os vasos de sua ira,
preparados para a destruição? 23Que dizer, se ele fez isso para
tornar conhecidas as riquezas de sua glória aos vasos de sua
misericórdia, que preparou de antemão para glória, 24ou seja,
a nós, a quem também chamou, não apenas dentre os judeus,
mas também dentre os gentios? 25Como ele diz em Oseias:

vasos de sua ira (v. 22). Os que foram submetidos à justa punição por seus pecados.

"Chamarei 'meu povo'
a quem não é meu povo;
e chamarei 'minha amada'
a quem não é minha amada",

26e:

"Acontecerá que, no mesmo
lugar em que se lhes declarou:
'Vocês não são meu povo',
eles serão chamados
'filhos do Deus vivo' ".

27Isaías exclama com relação a Israel:

"Embora o número
dos israelitas
seja como a areia do mar,
apenas o remanescente será salvo.
28Pois o Senhor executará
na terra a sua sentença,
rápida e definitivamente".

29Como anteriormente disse Isaías:

"Se o Senhor dos Exércitos
não nos tivesse deixado descendentes,
já estaríamos como Sodoma,
e semelhantes a Gomorra".

30Que diremos, então? Os gentios, que não buscavam justiça,
a obtiveram, uma justiça que vem da fé; 31mas Israel, que busca-
va uma lei que trouxesse justiça, não a alcançou. 32Por que não?
Porque não a buscava pela fé, mas como se fosse por obras. Eles
tropeçaram na "pedra de tropeço". 33Como está escrito:

"Eis que ponho em Sião
uma pedra de tropeço
e uma rocha que faz cair;
e aquele que nela confia
jamais será envergonhado".

Senhor dos Exércitos (v. 29). Senhor dos exércitos ou das hostes; uma referência à soberania abrangente de Deus.

10 1Irmãos, o desejo do meu coração e a minha oração a
Deus pelos israelitas é que eles sejam salvos. 2Posso
testemunhar que eles têm zelo por Deus, mas o seu zelo não
se baseia no conhecimento. 3Porquanto, ignorando a justiça
que vem de Deus e procurando estabelecer a sua própria, não
se submeteram à justiça de Deus. 4Porque o fim da Lei é Cristo,
para a justificação de todo o que crê.

5Moisés descreve desta forma a justiça que vem da Lei: "O ho-
mem que fizer estas coisas viverá por meio delas". 6Mas a justiça
que vem da fé diz: "Não diga em seu coração: 'Quem subirá aos
céus?' (isto é, para fazer Cristo descer) 7ou 'Quem descerá ao
abismo?'" (isto é, para fazer Cristo subir dentre os mortos). 8Mas
o que ela diz? "A palavra está perto de você; está em sua boca
e em seu coração", isto é, a palavra da fé que estamos procla-
mando: 9Se você confessar com a sua boca que Jesus é Senhor
e crer em seu coração que Deus o ressuscitou dentre os mortos,
será salvo. 10Pois com o coração se crê para justiça, e com a boca
se confessa para salvação. 11Como diz a Escritura: "Todo o que
nele confia jamais será envergonhado". 12Não há diferença en-
tre judeus e gentios, pois o mesmo Senhor é Senhor de todos
e abençoa ricamente todos os que o invocam, 13porque "todo
aquele que invocar o nome do Senhor será salvo".

14Como, pois, invocarão aquele em quem não creram? E
como crerão naquele de quem não ouviram falar? E como ou-
virão, se não houver quem pregue? 15E como pregarão, se não
forem enviados? Como está escrito: "Como são belos os pés dos
que anunciam boas-novas!"

16No entanto, nem todos os israelitas aceitaram as boas-no-
vas. Pois Isaías diz: "Senhor, quem creu em nossa mensagem?"
17Consequentemente, a fé vem por se ouvir a mensagem, e a
mensagem é ouvida mediante a palavra de Cristo. 18Mas eu
pergunto: Eles não a ouviram? Claro que sim:

"A sua voz ressoou
por toda a terra,
e as suas palavras
até os confins do mundo".

zelo por Deus (10:2). Tentativas fervorosas de viver a lei de Deus; oposição fervorosa aos oponentes do judaísmo.

o fim da Lei é Cristo (v. 4). Em outras palavras, confiar em Cristo encerra a busca inútil de tentar alcançar a justiça aos olhos de Deus por meio do cumprimento da lei.

confessa (v. 10). Literalmente, "dizer a mesma coisa", concordando, assim, com a declaração de Deus Pai de que Jesus é Salvador e Senhor.

palavra de Cristo (v. 17). A mensagem sobre Cristo, o evangelho.

19Novamente pergunto: Será que Israel não entendeu? Em
primeiro lugar, Moisés disse:

"Farei que tenham ciúmes
de quem não é meu povo;
eu os provocarei à ira
por meio de um povo
sem entendimento".

20E Isaías diz ousadamente:

"Fui achado por aqueles que não me procuravam;
revelei-me àqueles que não perguntavam por mim".

21Mas, a respeito de Israel, ele diz:

"O tempo todo
estendi as mãos a um povo
desobediente e rebelde".

11 1Pergunto, pois: Acaso Deus rejeitou o seu povo? De ma-
neira nenhuma! Eu mesmo sou israelita, descendente de
Abraão, da tribo de Benjamim. 2Deus não rejeitou o seu povo,
o qual de antemão conheceu. Ou vocês não sabem como Elias
clamou a Deus contra Israel, conforme diz a Escritura? 3"Senhor,
mataram os teus profetas e derrubaram os teus altares; sou o
único que sobrou, e agora estão procurando matar-me." 4E qual
foi a resposta divina? "Reservei para mim sete mil homens que
não dobraram os joelhos diante de Baal." 5Assim, hoje também
há um remanescente escolhido pela graça. 6E, se é pela graça, já
não é mais pelas obras; se fosse, a graça já não seria graça.

7Que dizer então? Israel não conseguiu aquilo que tanto
buscava, mas os eleitos o obtiveram. Os demais foram endu-
recidos, 8como está escrito:

"Deus lhes deu um espírito
de atordoamento,
olhos para não ver
e ouvidos para não ouvir,
até o dia de hoje".

rejeitou (11:1). Empurrar ou afastar de si mesmo.

remanescente (v. 5). Apesar de a liderança nacional ter rejeitado Cristo, muitos judeus creram nele (Atos 2:41 e 4:4).

9E Davi diz:

"Que a mesa deles
se transforme
em laço e armadilha,
pedra de tropeço e retribuição para eles.
10Escureçam-se os seus olhos,
para que não consigam ver,
e suas costas fiquem encurvadas
para sempre".

11Novamente pergunto: Acaso tropeçaram para que ficas-
sem caídos? De maneira nenhuma! Ao contrário, por causa da
transgressão deles, veio salvação para os gentios, para provo-
car ciúme em Israel. 12Mas se a transgressão deles significa ri-
queza para o mundo, e o seu fracasso riqueza para os gentios,
quanto mais significará a sua plenitude!

13Estou falando a vocês, gentios. Visto que sou apóstolo para
os gentios, exalto o meu ministério, 14na esperança de que de
alguma forma possa provocar ciúme em meu próprio povo e
salvar alguns deles. 15Pois, se a rejeição deles é a reconciliação
do mundo, o que será a sua aceitação, senão vida dentre os
mortos? 16Se é santa a parte da massa que é oferecida como
primeiros frutos, toda a massa também o é; se a raiz é santa,
os ramos também o serão.

raiz (v. 16). Os patriarcas Abraão, Isaque e Jacó.

ramos (v. 16). A descendência dos patriarcas, isto é, a nação de Israel.

17Se alguns ramos foram cortados, e você, sendo oliveira
brava, foi enxertado entre os outros e agora participa da seiva
que vem da raiz da oliveira cultivada, 18não se glorie contra
esses ramos. Se o fizer, saiba que não é você quem sustenta a
raiz, mas a raiz a você. 19Então você dirá: "Os ramos foram cor-
tados, para que eu fosse enxertado". 20Está certo. Eles, porém,
foram cortados devido à incredulidade, e você permanece pela
fé. Não se orgulhe, mas tema. 21Pois, se Deus não poupou os
ramos naturais, também não poupará você.

22Portanto, considere a bondade e a severidade de Deus:
severidade para com aqueles que caíram, mas bondade para
com você, desde que permaneça na bondade dele. De outra

a bondade e a severidade (v. 22). Os atributos de Deus não estão em conflito.

forma, você também será cortado. 23E quanto a eles, se não
continuarem na incredulidade, serão enxertados, pois Deus é
capaz de enxertá-los outra vez. 24Afinal de contas, se você foi
cortado de uma oliveira brava por natureza e, de maneira an-
tinatural, foi enxertado numa oliveira cultivada, quanto mais
serão enxertados os ramos naturais em sua própria oliveira?

25Irmãos, não quero que ignorem este mistério, para que
não se tornem presunçosos: Israel experimentou um endure-
cimento em parte, até que chegue a plenitude dos gentios. 26E
assim todo o Israel será salvo, como está escrito:

"Virá de Sião o redentor
que desviará de Jacó
a impiedade.
27E esta é a minha aliança
com eles
quando eu remover
os seus pecados".

28Quanto ao evangelho, eles são inimigos por causa de
vocês; mas, quanto à eleição, são amados por causa dos pa-
triarcas, 29pois os dons e o chamado de Deus são irrevogá-
veis. 30Assim como vocês, que antes eram desobedientes a
Deus mas agora receberam misericórdia, graças à desobedi-
ência deles, 31assim também agora eles se tornaram desobe-
dientes, a fim de que também recebam agora misericórdia,
graças à misericórdia de Deus para com vocês. 32Pois Deus
colocou todos sob desobediência, para exercer misericórdia
para com todos.

33Ó profundidade da riqueza
da sabedoria
e do conhecimento de Deus!
Quão insondáveis são
os seus juízos
e inescrutáveis
os seus caminhos!

os dons [...] são irrevogáveis (v. 29). A eleição soberana de Israel por Deus é incondicional e inalterável.

Deus colocou todos sob a desobediência (v. 32). Deus não é o autor do pecado, mas permite inclinações pecaminosas, para que possa receber glória tanto na misericórdia quanto no julgamento.

34"Quem conheceu a mente
do Senhor?
Ou quem foi seu conselheiro?"
35"Quem primeiro lhe deu,
para que ele o recompense?"
36Pois dele, por ele e para ele são todas as coisas.
A ele seja a glória
para sempre! Amém.

1. Qual é o tom que Paulo utiliza nesta passagem? Como ele se sente em relação ao seu próprio povo?

....

....

....

....

2. Quais são os principais personagens e eventos da história de Israel que Paulo menciona?

....

....

....

....

3. Como Paulo argumenta, no capítulo 9, que a incredulidade de Israel está de acordo com o plano de Deus?

....

....

....

....

....

4. Quais imagens agrícolas Paulo usa no capítulo 11 para demonstrar que o afastamento de Israel por parte de Deus não é uma condição permanente?

CAVANDO MAIS FUNDO

Observe como essa passagem do livro de Jeremias, no Antigo Testamento, prefigura o tema dos capítulos 9 a 11, que enfatiza a soberania de Deus e sua capacidade de agir como deseja com suas criaturas, sem comprometer sua bondade ou misericórdia.

JEREMIAS 18:1-10

1 Esta é a palavra que veio a Jeremias da parte do Senhor: 2 "Vá à casa do oleiro, e ali você
ouvirá a minha mensagem". 3 Então fui à casa do oleiro, e o vi trabalhando com a roda. 4 Mas
o vaso de barro que ele estava formando estragou-se em suas mãos; e ele o refez, mol-
dando outro vaso de acordo com a sua vontade. 5 Então o Senhor dirigiu-me a palavra: 6 "Ó
comunidade de Israel, será que eu não posso agir com vocês como fez o oleiro?", pergunta o
Senhor. "Como barro nas mãos do oleiro, assim são vocês nas minhas mãos, ó comunidade
de Israel. 7 Se em algum momento eu decretar que uma nação ou um reino seja arrancado,
despedaçado e arruinado, 8 e se essa nação que eu adverti converter-se da sua perversidade,
então eu me arrependerei e não trarei sobre ela a desgraça que eu tinha planejado. 9 E, se
noutra ocasião eu decretar que uma nação ou um reino seja edificado e plantado, 10 e se ele
fizer o que eu reprovo e não me obedecer, então me arrependerei do bem que eu pretendia
fazer em favor dele.

EXPLORANDO O SIGNIFICADO DO TEXTO

5. O que Deus deseja que Israel saiba sobre ele? Por quê?

....

....

....

....

6. De que forma Jeremias expressa o conceito da soberania de Deus? Isso contribui para a compreensão? Por quê?

....

....

....

....

....

7. Leia Apocalipse 7:1-12. O que esse texto sugere sobre a futura relação entre judeus e gentios?

....

....

....

....

A VERDADE DO TEXTO PARA OS DIAS DE HOJE

Deus não pode ter concluído seu propósito com a nação de Israel, pois todas as suas promessas a ela ainda não foram cumpridas. Se Deus tivesse finalizado sua relação com Israel, sua palavra seria falsa e sua integridade estaria comprometida.

REFLETINDO SOBRE O TEXTO

8. À luz do que foi apresentado nesses capítulos, qual deve ser a postura de um cristão do século 21 em relação aos judeus?

....

....

....

....

....

9. O amor e a preocupação de Paulo por seus compatriotas eram tão intensos que ele desejava poder trocar de lugar com eles, indo literalmente para o inferno, para que pudessem ser salvos. Como você pode desenvolver mais compaixão por aqueles que não conhecem as boas notícias de Jesus?

....

....

....

....

....

10. Paulo conclui sua reflexão sobre a fidelidade e misericórdia de Deus com uma grandiosa doxologia. Se você tivesse que escrever um tributo de quatro frases em louvor a Deus por ter incluído você em seu plano eterno de salvação, como seria esse tributo?

....

....

....

....

COMO DEVO RESPONDER?

Anote suas reflexões, seus questionamentos ou uma oração, caso se sinta à vontade para fazê-lo.

ANOTAÇÕES

9 VIDA SOBRENATURAL

ROMANOS 12:1-21

ABORDANDO O TEXTO

Em uma escala de 1 a 10, sendo 1 "praticamente inexistente" e 10 "quase perfeito", como você classificaria a "vida do corpo" de sua igreja, ou seja, como as pessoas servem e se relacionam umas com as outras no corpo de Cristo? Por quê?

....

....

....

O que você gostaria que fosse diferente na vida como corpo em sua igreja?

....

....

....

CONTEXTO

Depois de apresentar uma riqueza de verdades teológicas, Paulo dedica o restante de sua carta aos Romanos para explicar como essas doutrinas devem se refletir na vida cotidiana dos crentes e das congregações. Este é um tema recorrente nos escritos de Paulo: a teologia *nunca* pode ser separada da vida, pois *sempre* tem ramificações e implicações práticas.

Paulo descreve aqui uma forma de viver genuinamente sobrenatural! Ele mostra que, quando os crentes se entregam completamente a Deus e vivem, pela ação do Espírito, as verdades teológicas que têm em Cristo, o resultado é impressionante. Tal vida, que transcende os limites deste mundo, brilhará como um letreiro em néon em meio a uma cultura obscura.

Os cristãos que vivem como sacrifícios a serviço de Deus são piedosos, não mundanos; transformados, não conformados; humildes, não orgulhosos; prestativos e generosos, não avarentos; unidos aos outros, não separados deles; amorosos, não hipócritas e odiosos; centrados no próximo, não ensimesmados; entusiasmados, não indiferentes; perdoadores, não vingativos. Para compreender mais sobre esse tipo de vida sobrenatural, continue lendo.

PRINCIPAIS ELEMENTOS DO TEXTO

Dons espirituais. Um dom espiritual é uma habilidade concedida graciosa e sobrenaturalmente a cada cristão pelo Espírito Santo, pela qual ele ministra ao corpo de Cristo. Os dons espirituais são capacitações divinas para o ministério que o Espírito Santo dá a todos os crentes em alguma medida. Os dons devem ser completamente controlados pelo Espírito Santo e usados para edificar a igreja para a glória de Cristo. A palavra grega (*charisma*) destaca a gratuidade do dom, que não pode ser conquistado, perseguido ou obtido por esforço humano, mas apenas "recebido" pela graça de Deus. As categorias de dons espirituais são descritas em Romanos 12:3-8 e 1Coríntios 12:4-10. Cada crente tem um dom específico, frequentemente uma combinação única das várias categorias de dons. Os dons espirituais não servem para exaltar aquele que os tem, , mas para serem usados com amor e cuidado, em benefício dos outros na igreja.

DESVENDANDO O TEXTO

Leia 12:1-21, observando as palavras-chave e definições ao lado da passagem.

ROMANOS 12:1-21

1Portanto, irmãos, rogo pelas misericórdias de Deus que se ofereçam em sacrifício vivo, santo e agradável a Deus; este é o culto racional de vocês. 2Não se amoldem ao padrão deste mundo, mas transformem-se pela renovação da sua mente, para que sejam capazes de experimentar e comprovar a boa, agradável e perfeita vontade de Deus.

3Por isso, pela graça que me foi dada digo a todos vocês: Ninguém tenha de si mesmo um conceito mais elevado do que deve ter; mas, ao contrário, tenha um conceito equilibrado, de acordo com a medida da fé que Deus lhe concedeu. 4Assim como cada um de nós tem um corpo com muitos membros e esses membros não exercem todos a mesma função, 5assim também em Cristo nós, que somos muitos, formamos um corpo, e cada membro está ligado a todos os outros. 6Temos diferentes dons, de acordo com a graça que nos foi dada. Se alguém tem o dom de profetizar, use-o na proporção da sua fé. 7Se o seu dom é servir, sirva; se é ensinar, ensine; 8se é dar ânimo, que assim faça; se é contribuir, que contribua generosamente; se é exercer liderança, que a exerça com zelo; se é mostrar misericórdia, que o faça com alegria.

9O amor deve ser sincero. Odeiem o que é mau; apeguem-se ao que é bom. 10Dediquem-se uns aos outros com amor fraternal. Prefiram dar honra aos outros mais do que a si próprios. 11Nunca falte a vocês o zelo, sejam fervorosos no espírito, sirvam ao Senhor. 12Alegrem-se na esperança, sejam pacientes na tribulação, perseverem na oração. 13Compartilhem o que vocês têm com os santos em suas necessidades. Pratiquem a hospitalidade.

14Abençoem aqueles que os perseguem; abençoem-nos, não os amaldiçoem. 15Alegrem-se com os que se alegram; chorem com os que choram. 16Tenham uma mesma atitude uns para com os outros. Não sejam orgulhosos, mas estejam dispostos a associar-se a pessoas de posição inferior. Não sejam sábios aos seus próprios olhos. 17Não retribuam a ninguém mal por mal. Procurem fazer o que é correto aos olhos de todos. 18Façam todo o possível para viver em paz com to-

Portanto (v. 1). Uma vez que todas as coisas foram criadas para a glória de Deus (11:36), devemos viver com o mesmo propósito.

rogo (v. 1). Implorar, aconselhar, encorajar; derivado da mesma palavra grega para chamar alguém ao lado para obter ajuda.

misericórdias de Deus (v. 1). Expressão que resume a obra graciosa e extravagante de Deus em favor dos pecadores, tratada por Paulo nos capítulos 1 a 11.

se ofereçam em sacrifício (v. 1). Os crentes são chamados a se dedicarem ou oferecerem completa e voluntariamente ao Senhor. Essa é a única maneira de honrar a Deus com nossos corpos não redimidos.

culto racional (v. 1). "Racional" significa lógico; à luz de tudo o que Deus tem feito por nós, devemos fazer isso por ele.

amoldem (v. 2). Assumir uma aparência externa que não condiz com a realidade interna.

deste mundo (v. 2). Literalmente, "esta era"; refere-se ao conjunto de crenças e valores que caracterizam o espírito dos tempos em que vivemos.

transformem-se (v. 2). O termo grego está na origem da palavra "metamorfose", em português; tem o sentido de mudar na aparência em virtude das mudanças internas que ocorreram e estão ocorrendo.

renovação da sua mente (v. 2). Ser transformado na maneira de pensar, por meio da imersão na Palavra de Deus e pela influência do Espírito de Deus.

equilibrado (v. 3). Exercício do bom senso.

medida da fé (v. 3). Proporção correta do dom espiritual necessária para cumprir o papel de alguém no corpo de Cristo.

dos. 19Amados, nunca procurem vingar-se, mas deixem com
Deus a ira, pois está escrito: "Minha é a vingança; eu retribuirei", diz o Senhor.

20Ao contrário:

"Se o seu inimigo tiver fome, dê-lhe de comer;
se tiver sede, dê-lhe de beber.
Fazendo isso, você amontoará brasas vivas
sobre a cabeça dele".

21Não se deixem vencer pelo mal, mas vençam o mal
com o bem.

liderança (v. 8). Literalmente, "estar à frente".

dar honra aos outros mais do que a si próprios (v. 10). Demonstrar verdadeira apreciação e admiração pelos irmãos crentes, colocando-os em primeiro lugar.

fervorosos no espírito (v. 11). Literalmente, "ferver em espírito", ou seja, ter um entusiasmo interior que resulta em trabalho produtivo.

pratiquem a hospitalidade (v. 13). Literalmente, "perseguindo o amor dos estranhos"; esse tipo de abertura e generosidade deve ser a marca registrada dos crentes.

Não retribuam a ninguém mal por mal (v. 17). Proibição de buscar vingança individualmente, seguindo o princípio "olho por olho" da justiça.

amontoará brasas vivas sobre a cabeça dele (v. 20). Uma referência a um costume egípcio de demonstrar vergonha e contrição, carregando uma panela de brasas acesas sobre a cabeça; mostrar bondade para com inimigos que são odiosos e indignos pode causar-lhes constrangimento e arrependimento.

um corpo com muitos membros (v. 4). A igreja é uma diversidade em unidade.

profetizar (v. 6). Literalmente, "falar" a verdade de Deus, não necessariamente prevendo o futuro.

servir (v. 7). Serviço, derivado da palavra grega da qual obtemos o termo "diácono".

ensinar (v. 7). Habilidade de interpretar, esclarecer, sistematizar e explicar claramente a verdade de Deus.

contribuir (v. 8). Simplicidade, integridade e generosidade de coração aberto.

1. Paulo começa o capítulo 12 chamando os crentes a se entregarem completamente — corpo, mente e vontade — a Deus. De acordo com Paulo, o que isso envolve?

2. Que evidência você encontra aqui de que a vida cristã não deve ser vivida isoladamente?

3. Que recursos Deus tem nos dado para que possamos usá-los em serviço ao próximo?

4. Se Paulo já argumentou nessa carta que é impossível obedecer à lei de Deus, como é possível esperar que vivamos de acordo com a lista de orientações apresentada nos versículos de 9 a 21?

CAVANDO MAIS FUNDO

Leia 1Pedro 4:7-11 para compreender mais sobre dons espirituais.

1PEDRO 4:7-11

[7]O fim de todas as coisas está próximo. Portanto, sejam criteriosos e estejam alertas; de-
diquem-se à oração. [8]Sobretudo, amem-se sinceramente uns aos outros, porque o amor
perdoa muitíssimos pecados. [9]Sejam mutuamente hospitaleiros, sem reclamação. [10]Cada
um exerça o dom que recebeu para servir os outros, administrando fielmente a graça de
Deus em suas múltiplas formas. [11]Se alguém fala, faça-o como quem transmite a palavra

de Deus. Se alguém serve, faça-o com a força que Deus provê, de forma que em todas as coisas Deus seja glorificado mediante Jesus Cristo, a quem sejam a glória e o poder para todo o sempre. Amém.

EXPLORANDO O SIGNIFICADO DO TEXTO

5. Quais são as contribuições de Pedro para a doutrina dos dons espirituais apresentada em Romanos 12? Quem tem os dons e qual é o propósito deles? (Versículos para análise ou reflexão: 1Coríntios 12:1-31; Efésios 4:7-16)

....

....

....

6. De acordo com Paulo, quais atitudes e ações glorificam a Deus e edificam o corpo? Quais atitudes e ações desonram a Deus e destroem o corpo de Cristo?

....

....

....

7. Por que a analogia do corpo humano é uma metáfora adequada para descrever a igreja?

....

....

....

A VERDADE DO TEXTO PARA OS DIAS DE HOJE

Viver de maneira sobrenatural significa alinhar nossas ações externas com nossas crenças internas, vivendo a natureza redimida, purificada e santa que recebemos por meio de Jesus Cristo, tornando-nos na prática o que

Cristo nos fez: novas criaturas. Vida sobrenatural não é uma vida mística e indefinida que se baseia apenas em bons impulsos e intenções sinceras. Ao contrário, é uma vida prática que surge da obediência consciente aos padrões de justiça divina e que é vivida dentro dos parâmetros estabelecidos por Deus. Em outras palavras, é pensar, falar e agir de maneira condizente com a Palavra e a vontade de Deus em nosso cotidiano.

REFLETINDO SOBRE O TEXTO

8. O inglês Robert C. Chapman, do século 19, escreveu: "Vendo que tantos pregam Cristo e tão poucos vivem Cristo, eu me esforçarei para viver como ele." Qual princípio ou verdade dessa passagem você deseja começar a viver de verdade em vez de apenas falar a seu respeito?

....

....

....

9. Com base em suas experiências e nas avaliações de líderes cristãos e amigos, quais são os seus dons espirituais? Como você está usando essas habilidades dadas por Deus para servir o corpo de Cristo?

....

....

....

10. Escolha um versículo do capítulo 12 e dedique-se a memorizá-lo, meditando sobre ele ao longo desta semana como uma forma de ajudá-lo a renovar a sua mente.

....

....

....

COMO DEVO RESPONDER?

Anote suas reflexões, seus questionamentos ou uma oração, caso se sinta à vontade para fazê-lo.

ANOTAÇÕES

10

VIVENDO NO MUNDO

ROMANOS 13:1-14

ABORDANDO O TEXTO

Você acha que é importante ser um bom cidadão? Por quê?

....

....

....

....

....

....

Há alguma situação em que você não obedeceria à lei? Explique.

....

....

....

....

....

CONTEXTO

Os primeiros onze capítulos dessa epístola (em particular, os capítulos 1—8) explicam em detalhes maravilhosos o que significa ser salvo: justificado pela graça de Deus, que opera por meio da fé. Esse grande milagre da salvação impacta todos os relacionamentos do crente. Quando somos salvos, nossa resposta inicial deveria ser: "se ofereçam em sacrifício vivo, santo e agradável a Deus; este é o culto racional de vocês." A próxima preocupação do apóstolo é cultivar relacionamentos corretos na igreja com irmãos e irmãs em Cristo e até mesmo com inimigos.

Depois de tratar desses assuntos, Paulo se concentra na necessidade de cultivar relacionamentos corretos no mundo. Em primeiro lugar, devemos demonstrar respeito pelas autoridades governamentais. Em segundo lugar, devemos amar nosso próximo e levar uma vida santa que resplandecerá contra o modo de ser sombrio de um mundo sem Deus.

PRINCIPAIS ELEMENTOS DO TEXTO

Imposto. Em grego, refere-se especificamente aos impostos pagos por indivíduos, particularmente, os que vivem em uma nação conquistada por estrangeiros, tornando o imposto ainda mais oneroso. Ele costumava ser uma combinação de imposto de renda e de propriedade. Nesse contexto, no entanto, Paulo usa o termo no sentido mais amplo possível, para falar de todos os tipos de impostos. Jesus ensinou explicitamente que os impostos devem ser pagos, até mesmo ao governo romano pagão (Mateus 22:17-21). Também deu o exemplo ao pagar voluntariamente o imposto do templo (Mateus 17:24-27).

Deixemos de lado as obras das trevas/revistam-se do Senhor Jesus Cristo. Esse trecho resume a santificação, o processo espiritual contínuo em que os salvos pela fé são transformados à imagem e semelhança de Cristo. A analogia que Paulo usa para descrevê-lo é a de tirar e colocar roupas, simbolizando pensamentos e comportamento. Como quem tira suas roupas sujas ao final do dia, os crentes devem descartar as roupas imundas da vida antiga e pecaminosa e vestir-se com a justiça de Cristo.

DESVENDANDO O TEXTO

Leia 13:1-14, observando as palavras-chave e definições ao lado da passagem.

ROMANOS 13:1-14

1Todos devem sujeitar-se às autoridades governamentais, pois
não há autoridade que não venha de Deus; as autoridades que
existem foram por ele estabelecidas. 2Portanto, aquele que se
rebela contra a autoridade está se colocando contra o que Deus
instituiu, e aqueles que assim procedem trazem condenação
sobre si mesmos. 3Pois os governantes não devem ser temidos,
a não ser por aqueles que praticam o mal. Você quer viver livre
do medo da autoridade? Pratique o bem, e ela o enaltecerá.
4Pois é serva de Deus para o seu bem. Mas, se você praticar
o mal, tenha medo, pois ela não porta a espada sem motivo.
É serva de Deus, agente da justiça para punir quem pratica o
mal. 5Portanto, é necessário que sejamos submissos às autori-
dades, não apenas por causa da possibilidade de uma punição,
mas também por questão de consciência.

6É por isso também que vocês pagam imposto, pois as au-
toridades estão a serviço de Deus, sempre dedicadas a esse
trabalho. 7Deem a cada um o que lhe é devido: se imposto,
imposto; se tributo, tributo; se temor, temor; se honra, honra.

8Não devam nada a ninguém, a não ser o amor de uns pelos
outros, pois aquele que ama seu próximo tem cumprido a Lei.
9Pois estes mandamentos: "Não adulterarás", "Não matarás",
"Não furtarás", "Não cobiçarás" e qualquer outro mandamento,
todos se resumem neste preceito: "Ame o seu próximo como a
si mesmo". 10O amor não pratica o mal contra o próximo. Por-
tanto, o amor é o cumprimento da Lei.

11Façam isso, compreendendo o tempo em que vivemos.
Chegou a hora de vocês despertarem do sono, porque agora a
nossa salvação está mais próxima do que quando cremos. 12A
noite está quase acabando; o dia logo vem. Portanto, deixe-
mos de lado as obras das trevas e revistamo-nos da armadura
da luz. 13Comportemo-nos com decência, como quem age à
luz do dia, não em orgias e bebedeiras, não em imoralidade

sujeitar-se (v. 1). Utilizado em outros contextos para designar a obediência absoluta de um soldado ao seu oficial superior.

não há autoridade que não venha de Deus (v. 1). Como soberano sobre todo o universo, Deus estabeleceu as várias estruturas de autoridade (governo, família, igreja, empregador).

se colocando contra o que Deus instituiu (v. 2). Desobedecer ao governo é desconsiderar o que foi ordenado por Deus.

condenação (v. 2). Temporal; nas mãos das autoridades humanas.

Pratique o bem [...] o enaltecerá (v. 3). Normalmente, cidadãos que cumprem a lei não precisam temer a punição.

serva de Deus para o seu bem (v. 4). Para restringir o mal e promover a paz nacional.

porta a espada (v. 4). O governo tem o direito concedido por Deus de executar a justiça sobre os infratores, até mesmo pela pena de morte.

deem (v. 7). Em grego, significa o pagamento de uma dívida; não uma contribuição voluntária, mas um débito.

tributo (v. 7). Taxas ou impostos sobre mercadorias ou bens.

Não devam nada a ninguém (v. 8). Não é uma proibição contra empréstimos, mas uma exortação para pagar as dívidas em tempo hábil.

amor de uns pelos outros (v. 8). Tanto os não cristãos quanto os irmãos em Cristo.

sono (v. 11). Letargia e apatia espiritual; falta de resposta ou reação para as coisas de Deus.

nossa salvação está mais próxima (v. 11). Não se trata da justificação (uma posse presente), mas, sim, do tempo da nossa glorificação, ou seja, de que Cristo está voltando.

deixemos de lado (v. 12). Uma exortação para se arrepender e livrar-se dos pecados.

sexual e depravação, não em desavença e inveja. 14Ao contrário, revistam-se do Senhor Jesus Cristo e não fiquem premeditando como satisfazer os desejos da carne.

orgias (v. 13). Festas selvagens, orgias sexuais, brigas, tumultos.
não fiquem premeditando (v. 14). Não planeje com antecedência nem tenha em mente pecar.

1. Quais contrastes Paulo faz entre os cristãos e o mundo?

....

....

....

2. Quais são as consequências determinadas por Deus de se desafiar uma autoridade governamental?

....

....

....

3. Como Paulo usa alguns dos dez mandamentos para demonstrar que o amor é o cumprimento da lei?

....

....

....

4. Quais fatos Paulo usa para motivar os crentes em Roma a abandonar o pecado e viver de maneira santa? Por que devemos nos submeter?

....

....

....

....

CAVANDO MAIS FUNDO

No Antigo Testamento, os israelitas foram levados cativos pelo Império Neobabilônico. Três judeus devotos, Sadraque, Mesaque e Abede-Nego, recusaram-se a servir ou adorar o ídolo de ouro que o rei havia erguido. Leia abaixo o que aconteceu.

DANIEL 3:14-30

14 Nabucodonosor lhes disse: "É verdade, Sadraque, Mesaque e Abede-Nego, que vocês não
prestam culto aos meus deuses nem adoram a imagem de ouro que mandei erguer? 15 Pois
agora, quando vocês ouvirem o som da trombeta, do pífaro, da cítara, da harpa, do saltério,
da flauta dupla e de toda espécie de música, se vocês se dispuserem a prostrar-se em terra e
a adorar a imagem que eu fiz, será melhor para vocês. Mas, se não a adorarem, serão imedia-
tamente atirados numa fornalha em chamas. E que deus poderá livrá-los das minhas mãos?"
16 Sadraque, Mesaque e Abede-Nego responderam ao rei: "Ó Nabucodonosor, não pre-
cisamos defender-nos diante de ti. 17 Se formos atirados na fornalha em chamas, o Deus a
quem prestamos culto pode livrar-nos, e ele nos livrará das tuas mãos, ó rei. 18 Mas, se ele
não nos livrar, saiba, ó rei, que não prestaremos culto aos teus deuses nem adoraremos a
imagem de ouro que mandaste erguer".

19 Nabucodonosor ficou tão furioso com Sadraque, Mesaque e Abede-Nego, que o seu
semblante mudou. Deu ordens para que a fornalha fosse aquecida sete vezes mais que de
costume 20 e ordenou que alguns dos soldados mais fortes do seu exército amarrassem Sa-
draque, Mesaque e Abede-Nego e os atirassem na fornalha em chamas. 21 E os três homens,
vestidos com seus mantos, calções, turbantes e outras roupas, foram amarrados e atirados
na fornalha extraordinariamente quente. 22 A ordem do rei era urgente e a fornalha estava
tão quente que as chamas mataram os soldados que levaram Sadraque, Mesaque e Abede-
-Nego, 23 e estes caíram amarrados dentro da fornalha em chamas.

24 Mas logo depois o rei Nabucodonosor, alarmado, levantou-se e perguntou aos seus
conselheiros: "Não foram três os homens amarrados que nós atiramos no fogo?"

Eles responderam: "Sim, ó rei".

25 E o rei exclamou: "Olhem! Estou vendo quatro homens, desamarrados e ilesos, andando
pelo fogo, e o quarto se parece com um filho dos deuses".

26 Então Nabucodonosor aproximou-se da entrada da fornalha em chamas e gritou: "Sa-
draque, Mesaque e Abede-Nego, servos do Deus Altíssimo, saiam! Venham aqui!"

E Sadraque, Mesaque e Abede-Nego saíram do fogo. 27 Os sátrapas, os prefeitos, os gover-
nadores e os conselheiros do rei se ajuntaram em torno deles e comprovaram que o fogo não

tinha ferido o corpo deles. Nem um só fio de cabelo tinha sido chamuscado, os seus mantos
não estavam queimados, e não havia cheiro de fogo neles.
28Disse então Nabucodonosor: "Louvado seja o Deus de Sadraque, Mesaque e Abede-Nego,
que enviou o seu anjo e livrou os seus servos! Eles confiaram nele, desafiaram a ordem do
rei, preferindo abrir mão de sua vida a prestar culto e adorar a outro deus que não fosse o seu
próprio Deus. 29Por isso eu decreto que todo homem de qualquer povo, nação e língua que
disser alguma coisa contra o Deus de Sadraque, Mesaque e Abede-Nego seja despedaçado e
sua casa seja transformada em montes de entulho, pois nenhum outro deus é capaz de livrar
alguém dessa maneira".
30Então o rei promoveu Sadraque, Mesaque e Abede-Nego na província da Babilônia.

EXPLORANDO O SIGNIFICADO DO TEXTO

5. Como a postura pública dos três judeus tementes fez com que o nome de Deus fosse engrandecido?

6. Leia Atos 5:28-29. Que exceção pode ser encontrada, se houver alguma, ao mandamento divino de "sujeitar-se às autoridades governamentais" (13:1)?

7. O que significa "revistam-se do Senhor Jesus Cristo" (13:14)?

A VERDADE DO TEXTO PARA OS DIAS DE HOJE

Os crentes devem ser cidadãos exemplares conhecidos por cumprirem a lei, não agitadores; obedientes, não rebeldes; respeitosos com o governo, não depreciadores. Devemos falar contra o pecado, contra a injustiça e contra a imoralidade e a impiedade com dedicação temerosa, mas devemos fazê-lo dentro do quadro da lei civil e tendo respeito pelas autoridades civis. Devemos ser uma sociedade piedosa, fazendo o bem e vivendo pacificamente dentro de uma sociedade impiedosa, manifestando nossa vida transformada, a fim de que o poder salvífico de Deus seja claramente visto.

REFLETINDO SOBRE O TEXTO

8. Como a mensagem do evangelho e a reputação de Deus e de seu povo são afetadas quando os cristãos se comportam de maneira agressiva e desrespeitosa no ambiente público?

....

....

....

9. Você acha fácil se submeter à autoridade dos seus atuais oficiais eleitos (federal, estadual e municipal)? Você sente ressentimento em pagar impostos para a administração atual? Explique os motivos da sua resposta.

....

....

....

10. E se um funcionário público for corrupto, antipático ou desonesto? Quais são nossas opções de resposta como crentes?

....

....

....

11. Escreva os nomes de três autoridades governamentais pelas quais você pode orar nesta semana. Se desejar, escreva-lhes uma mensagem expressando seu apoio e gratidão.

....

....

....

COMO DEVO RESPONDER?

Anote suas reflexões, seus questionamentos ou uma oração, caso se sinta à vontade para fazê-lo.

....

....

....

ANOTAÇÕES

....

....

....

....

....

....

....

....

....

11

O FORTE E O FRACO

ROMANOS 14:1—15:13

ABORDANDO O TEXTO

Paulo não mediu palavras quando falou sobre as relações que devemos ter com os irmãos em Cristo. Neste estudo, veremos como lidar com situações delicadas. Você já foi verdadeiramente ofendido alguma vez por outro cristão? Como você lidou com isso? Qual foi o resultado?

....

....

....

CONTEXTO

Um tema importante no Novo Testamento é o poder do pecado para destruir o caráter espiritual e moral da igreja. No entanto, o pecado explícito e evidente não é o único perigo para a saúde espiritual e a unidade da igreja. Certas atitudes e comportamentos podem destruir a comunhão e a frutificação, prejudicando o trabalho, o testemunho e a unidade de inúmeras congregações ao longo da história da igreja. Esses problemas são causados por diferenças entre cristãos sobre assuntos que não são prescritos nem proibidos nas Escrituras. São questões de preferência pessoal e tradição histórica, que, quando impostas aos outros, inevitavelmente causam confusão, discórdia, má vontade, consciências abaladas e falta de harmonia.

A diversidade da igreja mostra o poder de Cristo para reunir pessoas diferentes em uma unidade genuína. No entanto, Satanás trabalha frequentemente para criar divisão e ameaçar essa unidade. A ameaça à unidade que Paulo aborda nessa passagem surge quando crentes maduros (fortes), tanto judeus quanto gentios, entram em conflito com os crentes imaturos (fracos). Os crentes judeus fortes entenderam sua liberdade em Cristo e perceberam que os requisitos cerimoniais da Lei Mosaica não eram mais obrigatórios. Os gentios maduros entenderam que ídolos não são deuses e, portanto, eles poderiam comer carne que lhes havia sido oferecida. Mas, em ambos os casos, a consciência dos irmãos mais fracos foi perturbada, sendo eles tentados a violar sua consciência (algo mau para incitar no próximo), tornarem-se mais legalistas sob o sentimento da culpa ou até mesmo pecar. Sabendo que os judeus e gentios maduros seriam capazes de entender essas lutas, Paulo dirige a maior parte de seus comentários a eles.

Essa seção é extremamente útil para todos os que se encontram adorando em uma congregação de cristãos diversos e que lutam para aceitar aqueles que são diferentes. E não é isso que acontece com todos nós?

PRINCIPAIS ELEMENTOS DO TEXTO

Adoração e práticas a ídolos. Os gregos e romanos eram politeístas (adoravam muitos deuses) e polidemonistas (acreditavam na existência de muitos espíritos malignos). Acreditavam que espíritos malignos tentariam invadir os seres humanos ao se anexar à comida antes que fosse consumida e que os espíritos só poderiam ser removidos se a comida fosse sacrificada a um deus. O sacrifício não servia apenas para ganhar o favor de um deus, mas também para limpar a carne da contaminação demoníaca. Essa carne descontaminada era oferecida aos deuses como sacrifício. O que não era queimado no altar era servido em banquetes pagãos ímpios. O que sobrava era vendido no mercado. Depois da conversão, os crentes se ressentiam de comer tais alimentos comprados em mercados de ídolos, pois lembrava os crentes gentios sensíveis de sua vida pagã anterior e da adoração demoníaca. Paulo e os crentes maduros sabiam que eles mesmos não se incomodariam com tais alimentos oferecidos aos ídolos e depois vendidos no mercado. Eles sabiam que os deuses não existiam e que os espíritos malignos não contaminavam a comida. A combinação de conhecimento e amor evita que um crente utilize suas liberdades para ferir quem é mais fraco na fé e incentiva-o a edificar os outros com verdade e sabedoria.

DESVENDANDO O TEXTO

Leia 14:1—15:3, observando as palavras-chave e definições ao lado da passagem.

ROMANOS 14:1–15:3

1 Aceitem o que é fraco na fé sem discutir assuntos controvertidos.
2 Um crê que pode comer de tudo; já outro, cuja fé é fraca, come
apenas alimentos vegetais. 3 Aquele que come de tudo não deve
desprezar o que não come, e aquele que não come de tudo não
deve condenar aquele que come, pois Deus o aceitou. 4 Quem é
você para julgar o servo alheio? É para o seu senhor que ele está
em pé ou cai. E ficará em pé, pois o Senhor é capaz de o sustentar.

5 Há quem considere um dia mais sagrado que outro; há
quem considere iguais todos os dias. Cada um deve estar ple-
namente convicto em sua própria mente. 6 Aquele que consi-
dera um dia especial para o Senhor assim o faz. Aquele que
come carne para o Senhor come, pois dá graças a Deus; e aque-
le que se abstém para o Senhor se abstém, e dá graças a Deus.
7 Pois nenhum de nós vive apenas para si, e nenhum de nós
morre apenas para si. 8 Se vivemos, vivemos para o Senhor; e,
se morremos, morremos para o Senhor. Assim, quer vivamos,
quer morramos, pertencemos ao Senhor.

9 Por esta razão Cristo morreu e voltou a viver, para ser Se-
nhor de vivos e de mortos. 10 Portanto, você, por que julga seu
irmão? E por que despreza seu irmão? Pois todos comparecere-
mos diante do tribunal de Deus. 11 Porque está escrito

"'Por mim mesmo jurei',
diz o Senhor,

fraco na fé (v. 1). Referência à incapacidade dos crentes de abandonar as cerimônias e rituais religiosos do passado.

apenas alimentos vegetais (v. 2). Dieta rigorosa de crentes judeus e gentios de consciência pesada que não conseguiam comer carne sacrificada a ídolos.

desprezar (v. 3). Ter desprezo ou desdém.

condenar (v. 3). Julgar.

É para o seu senhor que ele está em pé ou cai (v. 4). Cristo é o juiz supremo das nossas motivações e ações.

Cada um deve estar plenamente convicto (v. 5). Em questões não prescritas pelas Escrituras, os crentes devem seguir a sua consciência guiada pelo Espírito (independentemente do que os outros disserem ou fizerem).

para o Senhor (v. 6). Quer seja fraca, quer seja forte em consciência, a nossa decisão deve objetivar trazer honra e satisfação para Deus.

tribunal de Deus (v. 10). Dia futuro de prestação de contas diante do trono de Deus, quando nossas decisões como crentes forem examinadas.

'diante de mim
todo joelho se dobrará
e toda língua confessará
que sou Deus'".

12 Assim, cada um de nós prestará contas de si mesmo a Deus.
13 Portanto, deixemos de julgar uns aos outros. Em vez disso,
façamos o propósito de não pôr pedra de tropeço ou obstácu-
lo no caminho do irmão. 14 Como alguém que está no Senhor
Jesus, tenho plena convicção de que nenhum alimento é por si
mesmo impuro, a não ser para quem assim o considere; para
ele é impuro. 15 Se o seu irmão se entristece devido ao que você
come, você já não está agindo por amor. Por causa da sua co-
mida, não destrua seu irmão, por quem Cristo morreu. 16 Aquilo
que é bom para vocês não se torne objeto de maledicência.
17 Pois o Reino de Deus não é comida nem bebida, mas justi-
ça, paz e alegria no Espírito Santo; 18 aquele que assim serve a
Cristo é agradável a Deus e aprovado pelos homens.

19 Por isso, esforcemo-nos em promover tudo quanto con-
duz à paz e à edificação mútua. 20 Não destrua a obra de Deus
por causa da comida. Todo alimento é puro, mas é errado
comer qualquer coisa que faça os outros tropeçarem. 21 É me-
lhor não comer carne nem beber vinho, nem fazer qualquer
outra coisa que leve seu irmão a cair. 22 Assim, seja qual for
o seu modo de crer a respeito destas coisas, que isso perma-
neça entre você e Deus. Feliz é o homem que não se condena
naquilo que aprova. 23 Mas aquele que tem dúvida é conde-
nado se comer, porque não come com fé; e tudo o que não
provém da fé é pecado.

15 1 Nós, que somos fortes, devemos suportar as fraquezas
dos fracos, e não agradar a nós mesmos. 2 Cada um de
nós deve agradar ao seu próximo para o bem dele, a fim de
edificá-lo. 3 Pois também Cristo não agradou a si próprio, mas,
como está escrito: "Os insultos daqueles que te insultam caí-
ram sobre mim". 4 Pois tudo o que foi escrito no passado foi es-
crito para nos ensinar, de forma que, por meio da perseverança

pedra de tropeço (v. 13). Qualquer coisa que um crente faça, mesmo biblicamente permitidas, que leve o outro a pecar.

entristece (v. 15). Causar dor ou angústia, ou seja, quando um crente mais fraco vê um crente mais forte desfrutar de uma liberdade de que o crente mais fraco está convencido ser pecado.

destrua (v. 15). Nesse contexto, não se trata de condenação, mas devastação.

bom para vocês (v. 16). Exercício legítimo da liberdade cristã.

comida nem bebida (v. 17). Coisas triviais, supérfluas.

aprovado pelos homens (v. 18). Aprovação após uma análise cuidadosa; aqui, sugere que nosso comportamento justo e amoroso pelo próximo será visto como genuíno por um mundo cético.

suportar (15:1). Literalmente "pegar e carregar um peso"; o crente forte não deve apenas tolerar o irmão mais fraco, mas também mostrar consideração e amor, carregando seus fardos.

Cristo não agradou a si próprio (v. 3). O objetivo de Cristo sempre foi agradar ao Pai.

e do bom ânimo procedentes das Escrituras, mantenhamos a
nossa esperança.

5O Deus que concede perseverança e ânimo dê a vocês um
espírito de unidade, segundo Cristo Jesus, 6para que com um
só coração e uma só voz vocês glorifiquem ao Deus e Pai de
nosso Senhor Jesus Cristo.

7Portanto, aceitem-se uns aos outros, da mesma forma com
que Cristo os aceitou, a fim de que vocês glorifiquem a Deus.
8Pois eu digo a vocês que Cristo se tornou servo dos que são
da circuncisão, por amor à verdade de Deus, para confirmar as
promessas feitas aos patriarcas, 9a fim de que os gentios glori-
fiquem a Deus por sua misericórdia, como está escrito:

"Por isso, eu te louvarei
entre os gentios;
Cantarei louvores ao teu nome".

10E também diz:

"Cantem de alegria, ó gentios,
com o povo dele".

11E mais:

"Louvem o Senhor,
todos vocês, gentios;
cantem louvores a ele
todos os povos".

12E Isaías também diz:

"Brotará a raiz de Jessé,
aquele que se levantará
para reinar sobre os gentios;
estes porão nele
a sua esperança".

13Que o Deus da esperança os encha de toda alegria e paz,
por sua confiança nele, para que vocês transbordem de espe-
rança, pelo poder do Espírito Santo.

escrito no passado (v. 4). Escrituras do Antigo Testamento.

aceitem-se (v. 7). Aceitar e abraçar calorosamente, mesmo com as diferenças.

as promessas feitas aos patriarcas [...] os gentios (v. 8-9). O plano de Deus sempre foi trazer tanto os judeus quanto os gentios para o seu reino.

1. Qual era a situação da igreja em Roma? Por que você acha que havia tanto julgamento ao próximo entre eles?

2. Nas áreas em que as Escrituras não prescrevem nem proíbem um comportamento, que conselho Paulo dá para determinar o modo de agir?

3. Por trás de todas as diferentes convicções e comportamentos, que objetivos Paulo sugere para nós quando nos confrontamos com questões não abordadas pela Palavra de Deus?

CAVANDO MAIS FUNDO

A igreja em Roma não era a única congregação no tempo de Paulo que sofria tensões dadas as diferenças no seu corpo. Considere a instrução do apóstolo à igreja em Corinto.

1 CORÍNTIOS 8:1-9

1Com respeito aos alimentos sacrificados aos ídolos, sabemos que todos temos conhe-
cimento. O conhecimento traz orgulho, mas o amor edifica. 2Quem pensa conhecer al-
guma coisa, ainda não conhece como deveria. 3Mas quem ama a Deus, este é conhecido
por Deus.

4Portanto, em relação ao alimento sacrificado aos ídolos, sabemos que o ídolo não
significa nada no mundo e que só existe um Deus. 5Pois, mesmo que haja os chamados
deuses, quer no céu, quer na terra (como de fato há muitos "deuses" e muitos "senhores"),
6para nós, porém, há um único Deus, o Pai, de quem vêm todas as coisas e para quem
vivemos; e um só Senhor, Jesus Cristo, por meio de quem vieram todas as coisas e por
meio de quem vivemos.

7Contudo, nem todos têm esse conhecimento. Alguns, ainda habituados com os ídolos,
comem esse alimento como se fosse um sacrifício idólatra; como a consciência deles é fraca,
fica contaminada. 8A comida, porém, não nos torna aceitáveis diante de Deus; não seremos
piores se não comermos, nem melhores se comermos.

9Contudo, tenham cuidado para que o exercício da liberdade de vocês não se torne uma
pedra de tropeço para os fracos.

EXPLORANDO O SIGNIFICADO DO TEXTO

4. A discussão na igreja de Corinto girava em torno da carne sacrificada a ídolos e depois vendida no mercado local. "Um cristão pode comer essa carne ou não?" era o grande debate. Alguns concluíram que a carne não estava contaminada, uma vez que os ídolos são feitos pelo homem e não são verdadeiramente divinos. Outros não podiam, em sã consciência, aderir a essa prática. Qual foi a solução de Paulo?

5. Leia Gálatas 5:13. Somos livres em Cristo, mas com que propósito Paulo diz que a nossa liberdade deve ser usada?

....

....

....

....

....

6. Considere os doze homens que Jesus escolheu para serem seus seguidores mais próximos (Marcos 3:13-19). Sabemos, pelo registro bíblico, que esses homens provinham de uma ampla variedade de origens, convicções políticas e ocupações. Como esse grupo diversificado serve de modelo para o tipo de unidade do qual as congregações atuais podem desfrutar?

....

....

....

....

....

....

A VERDADE DO TEXTO PARA OS DIAS DE HOJE

Aceitar uns aos outros, assim como Cristo nos aceitou, é um sinal seguro de piedade e falhar em praticá-lo é igualmente uma marca de carnalidade. A falta de aceitação mútua em amor e compaixão é uma afronta ao Salvador que nos aceitou. Uma congregação que é dividida, briguenta, contenciosa e julgadora dá ao mundo razões para ridicularizar a igreja de Cristo e rejeitar aquele que é sua única esperança de salvação.

REFLETINDO SOBRE O TEXTO

7. Qual mandamento ou princípio bíblico dessa passagem é mais útil para você quando pensa em se relacionar com outras pessoas em sua igreja local?

8. Ao lidar com as diferenças entre as pessoas, são necessárias quatro coisas: *reconhecer* as diferenças; *trabalhar* para *compreender* as diferenças; *aprender a apreciar* as diferenças; e utilizar *sabiamente* as diferenças. Em qual dessas etapas você tem mais dificuldade e por quê?

9. Quais comportamentos específicos na cultura atual são aceitáveis ou não para um cristão participar? Peça a Deus que lhe dê sabedoria para honrá-lo e amar os outros em tudo o que fizer.

COMO DEVO RESPONDER?

Anote suas reflexões, seus questionamentos ou uma oração, caso se sinta à vontade para fazê-lo.

ANOTAÇÕES

12

SERVINDO JUNTOS

ROMANOS 15:14—16:27

ABORDANDO O TEXTO

Pense novamente sobre as verdades que você estudou em Romanos. O que aprendeu de novo sobre Deus? E sobre você mesmo(a)?

....

....

....

CONTEXTO

Após concluir a exposição doutrinária principal da carta, Paulo começa o que equivale a um epílogo, incluindo comentários sobre seu ministério, seus planos para serviços futuros, saudações pessoais e de outros e uma benção final.

Pelo fato de Paulo ter falado tão vigorosamente sobre tantos assuntos a uma igreja que não plantou e nunca visitou, queria ter a certeza de que não pareceria insensível, presunçoso ou sem afeto. Ele os elogia coletivamente por seu envolvimento na obra do evangelho. Compartilha um pouco de informação sobre o seu próprio ministério e planos futuros. Reitera o desejo do seu coração de ministrar em Roma e ter comunhão com a igreja de lá.

Nós conseguimos ter um raro vislumbre das relações de trabalho e das amizades íntimas de Paulo. Ele menciona pelo nome mais de duas dezenas de companheiros e colegas de trabalho. Nessa longa passagem, sentimos o profundo afeto que Paulo tinha por aqueles com quem e para quem ministrava. Também podemos ver a sincera gratidão que o apóstolo sentia por aqueles que o ajudaram e encorajaram muito na vida e no ministério. Enquanto os rostos de judeus e gentios redimidos e transformados passavam pela mente de Paulo, ele encerrou sua epístola com um hino de louvor: "sim, ao único Deus sábio seja dada glória para todo o sempre, por meio de Jesus Cristo. Amém."

PRINCIPAIS ELEMENTOS DO TEXTO

Diácono. Proveniente de um grupo de palavras que significa "servir". Originariamente referindo-se a tarefas domésticas, como servir às mesas (Atos 6:1-4), "diácono" passou a designar qualquer serviço na igreja. Os diáconos servem sob a liderança dos presbíteros, ajudando-os a supervisionar as questões práticas da vida da igreja. As Escrituras não definem responsabilidades oficiais ou específicas dos diáconos; eles devem fazer tudo o que os presbíteros lhes atribuírem ou qualquer ministério espiritual que seja necessário. Febe foi aqui nomeada como uma "serva da igreja". Na igreja primitiva, essas mulheres cuidavam dos crentes doentes, dos pobres, dos estrangeiros e dos que estavam na prisão. Também instruíam mulheres e crianças.

Roma. A capital do Império Romano. É provável que a igreja em Roma tenha sido fundada por um grupo de cristãos judeus que vieram da Judeia. Possivelmente, havia cristãos em Roma há muitos anos, convertidos entre os "visitantes vindos de Roma, tanto judeus como convertidos ao judaísmo" no Pentecoste. A primeira ligação conhecida de Paulo com Roma foi quando ele conheceu Áquila e Priscila em Corinto (Atos 18:2). Eles haviam deixado Roma quando Cláudio expulsou todos os judeus da cidade. Alguns anos depois de encontrar Áquila e Priscila, Paulo decidiu que "é necessário também que eu vá visitar Roma". Quando ele escreveu essa carta aos cristãos romanos, ficou claro o quanto desejava encontrá-los. O seu plano era visitar amigos na cidade a caminho da Espanha.

Quando finalmente chegou a Roma, no entanto, foi às custas do governo romano, dada sua insistência em ser julgado perante César a respeito das acusações feitas pelos líderes judaicos em Jerusalém (Atos 25:2,11). Seu ministério em Roma foi realizado, portanto, enquanto prisioneiro, e foi durante essa prisão que escreveu a epístola aos Filipenses. É também provável que tenha escrito Efésios, Colossenses e Filemom em Roma. Segundo a tradição, Paulo foi martirizado durante o império de Nero (54-68 d.C.).

DESVENDANDO O TEXTO

Leia 15:14—16:27, observando as palavras-chave e definições ao lado da passagem.

ROMANOS 15:14–16:27

14 Meus irmãos, eu mesmo estou convencido de que vocês es-
tão cheios de bondade e plenamente instruídos, sendo capazes
de aconselhar-se uns aos outros. 15 A respeito de alguns assun-
tos, eu escrevi a vocês com toda a franqueza, principalmente
para fazê-los lembrar-se novamente deles, por causa da graça
que Deus me deu, 16 de ser um ministro de Cristo Jesus para os
gentios, com o dever sacerdotal de proclamar o evangelho de
Deus, para que os gentios se tornem uma oferta aceitável a
Deus, santificados pelo Espírito Santo. 17 Portanto, eu me glo-
rio em Cristo Jesus, em meu serviço a Deus. 18 Não me atrevo
a falar de nada, exceto daquilo que Cristo realizou por meu
intermédio em palavra e em ação, a fim de levar os gentios a
obedecerem a Deus, 19 pelo poder de sinais e maravilhas e por
meio do poder do Espírito de Deus. Assim, desde Jerusalém e
arredores até o Ilírico, proclamei plenamente o evangelho de
Cristo. 20 Sempre fiz questão de pregar o evangelho onde Cristo
ainda não era conhecido, de forma que não estivesse edifican-
do sobre alicerce de outro. 21 Mas antes, como está escrito:

"Hão de vê-lo aqueles que
não tinham ouvido falar dele,
e o entenderão aqueles
que não o haviam escutado".

instruídos (v. 14). Conhecimento profundo, íntimo; solidez doutrinária.

aconselhar-se (v. 14). Encorajar, advertir, orientar; ou seja, termo abrangente para aconselhamento.

ministro (v. 16). Alguém que serve a Deus em adoração pública.

glorio (v. 17). Vangloriar-se. Paulo nunca se vangloriou de suas realizações, mas apenas do que Cristo havia feito por meio dele.

sinais e maravilhas (v. 19). Milagres que autenticavam o verdadeiro ensino e pregação.

alicerce de outro (v. 20). Tendo o dom do evangelismo, Paulo almejava ministrar àqueles que nunca ouviram o evangelho.

22É por isso que muitas vezes fui impedido de chegar até
vocês.

23Mas agora, não havendo nestas regiões nenhum lugar em
que precise trabalhar e visto que há muitos anos anseio vê-los,
24planejo fazê-lo quando for à Espanha. Espero visitá-los de
passagem e dar a vocês a oportunidade de me ajudarem em
minha viagem para lá, depois de ter desfrutado um pouco da
companhia de vocês. 25Agora, porém, estou de partida para
Jerusalém, a serviço dos santos. 26Pois a Macedônia e a Acaia
tiveram a alegria de contribuir para os pobres que estão entre os
santos de Jerusalém. 27Tiveram prazer nisso e de fato são deve-
dores aos santos de Jerusalém. Pois, se os gentios participaram
das bênçãos espirituais dos judeus, devem também servir aos
judeus com seus bens materiais. 28Assim, depois de completar
essa tarefa e de ter a certeza de que eles receberam esse fruto,
irei à Espanha e visitarei vocês de passagem. 29Sei que, quando
for visitá-los, irei na plenitude da bênção de Cristo.

30Recomendo, irmãos, por nosso Senhor Jesus Cristo e pelo
amor do Espírito, que se unam a mim em minha luta, oran-
do a Deus em meu favor. 31Orem para que eu esteja livre dos
descrentes da Judeia e que o meu serviço em Jerusalém seja
aceitável aos santos, 32de forma que, pela vontade de Deus,
eu os visite com alegria e com vocês desfrute de um período
de refrigério. 33O Deus da paz seja com todos vocês. Amém.

16 1Recomendo a vocês nossa irmã Febe, serva da igreja
em Cencreia. 2Peço que a recebam no Senhor, de ma-
neira digna dos santos, e lhe prestem a ajuda de que venha a
necessitar; pois tem sido de grande auxílio para muita gente,
inclusive para mim.

3Saúdem Priscila e Áquila, meus colaboradores em Cristo
Jesus. 4Arriscaram a vida por mim. Sou grato a eles; não
apenas eu, mas todas as igrejas dos gentios.

5Saúdem também a igreja que se reúne na casa deles. Saú-
dem meu amado irmão Epêneto, que foi o primeiro con-
vertido a Cristo na província da Ásia.

impedido de chegar (v. 22). Impedimento contínuo e providencial de chegar a Roma.

ajudarem em minha viagem (v. 24). Maneira diplomática de Paulo solicitar ajuda em sua campanha evangelística proposta para a Espanha.

contribuir (v. 26). Em grego, indica compartilhamento e é geralmente traduzida como "comunhão" ou "parceria"; ou seja, o ministro e os apoiadores financeiros são parceiros.

6 Saúdem Maria, que trabalhou arduamente por vocês.

7 Saúdem Andrônico e Júnias, meus parentes que estiveram na prisão comigo. São notáveis entre os apóstolos, e estavam em Cristo antes de mim.

8 Saúdem Amplíato, meu amado irmão no Senhor.

9 Saúdem Urbano, nosso cooperador em Cristo, e meu amado irmão Estáquis.

10 Saúdem Apeles, aprovado em Cristo. Saúdem os que pertencem à casa de Aristóbulo.

11 Saúdem Herodião, meu parente. Saúdem os da casa de Narciso, que estão no Senhor.

12 Saúdem Trifena e Trifosa, mulheres que trabalham arduamente no Senhor. Saúdem a amada Pérside, outra que trabalhou arduamente no Senhor.

13 Saúdem Rufo, eleito no Senhor, e sua mãe, que tem sido mãe também para mim.

14 Saúdem Asíncrito, Flegonte, Hermes, Pátrobas, Hermas e os irmãos que estão com eles.

15 Saúdem Filólogo, Júlia, Nereu e sua irmã, e também Olimpas e todos os santos que estão com eles.

16 Saúdem uns aos outros com beijo santo. Todas as igrejas de Cristo enviam saudações.

17 Recomendo, irmãos, que tomem cuidado com aqueles
que causam divisões e põem obstáculos ao ensino que vocês
têm recebido. Afastem-se deles. 18 Pois essas pessoas não estão
servindo a Cristo, nosso Senhor, mas a seus próprios apetites.
Mediante palavras suaves e bajulação, enganam o coração dos
ingênuos. 19 Todos têm ouvido falar da obediência de vocês,
por isso estou muito alegre; mas quero que sejam sábios em
relação ao que é bom, e sem malícia em relação ao que é mau.

20 Em breve o Deus da paz esmagará Satanás debaixo dos pés de vocês.

A graça de nosso Senhor Jesus seja com vocês.

21 Timóteo, meu cooperador, envia saudações, bem como Lúcio, Jasom e Sosípatro, meus parentes.

trabalhou (16:6). Sugere trabalho árduo até o ponto de exaustão.

beijo santo (v. 16). Demonstração de afeto pelos amigos na testa, bochecha ou barba; herdado da tradição judaica.

servindo [...] seus próprios apetites (v. 18). Falsos mestres movidos por interesse próprio e autogratificação.

22 Eu, Tércio, que redigi esta carta, saúdo vocês no Senhor.
23 Gaio, cuja hospitalidade eu e toda a igreja desfrutamos,
envia-lhes saudações. Erasto, administrador da cidade, e nosso
irmão Quarto enviam saudações. 24 Que a graça de nosso Se-
nhor Jesus Cristo seja com vocês todos. Amém.
25 Ora, àquele que tem poder para confirmá-los pelo meu
evangelho e pela proclamação de Jesus Cristo, de acordo com
a revelação do mistério oculto nos tempos passados, 26 mas
agora revelado e dado a conhecer pelas Escrituras proféticas
por ordem do Deus eterno, para que todas as nações venham
a crer nele e a obedecer-lhe; 27 sim, ao único Deus sábio seja
dada glória para todo o sempre, por meio de Jesus Cristo.
Amém.

toda a igreja (v. 23). Congregação que se reunia na casa de Gaio.

confirmá-los (v. 25). Tornar firme, estável, sólido; isto é, estar enraizado na verdade do evangelho.

1. Pelo que especificamente Paulo pediu a seus amigos que orassem? Quais planos e sonhos de ministério Paulo tinha enquanto aguardava sua libertação?

2. Sublinhe os diversos verbos e frases descritivas que Paulo usa em 15:14-33 para se referir ao seu trabalho para o Senhor.

3. Circule os nomes que Paulo menciona no capítulo 16. Que informações sobre o trabalho e a estrutura da igreja do primeiro século podemos extrair das saudações pessoais de Paulo?

4. No meio dessa calorosa saudação, Paulo inclui uma breve, mas grave advertência contra ensinamentos e práticas perigosos. Que instrução específica ele dá?

CAVANDO MAIS FUNDO

Considere o registro de Lucas sobre a difícil, mas muito esperada, chegada de Paulo a Roma, em Atos 28:11-16.

ATOS 28:11-16

11Passados três meses, embarcamos num navio que tinha passado o inverno na ilha; era um
navio alexandrino, que tinha por emblema os deuses gêmeos Cástor e Pólux. 12Aportando
em Siracusa, ficamos ali três dias. 13Dali partimos e chegamos a Régio. No dia seguinte, so-
prando o vento sul, prosseguimos, chegando a Potéoli no segundo dia. 14Ali encontramos
alguns irmãos que nos convidaram a passar uma semana com eles. E depois fomos para
Roma. 15Os irmãos dali tinham ouvido falar que estávamos chegando e vieram até a praça
de Ápio e às Três Vendas para nos encontrar. Vendo-os, Paulo deu graças a Deus e sentiu-se
encorajado. 16Quando chegamos a Roma, Paulo recebeu permissão para morar por conta
própria, sob a custódia de um soldado.

EXPLORANDO O SIGNIFICADO DO TEXTO

5. Como essa passagem ilustra a afeição mútua entre Paulo e seus irmãos e irmãs em Cristo na cidade de Roma?

....

....

....

....

6. Leia 2Timóteo 1:16-18. Pelo que Onesíforo é lembrado?

....

....

....

....

7. Leia 2Coríntios 8:2-4. Que instruções ou princípios de oferta Paulo compartilha com a igreja de Corinto?

....

....

....

....

A VERDADE DO TEXTO PARA OS DIAS DE HOJE

As pessoas que Deus usa para cumprir sua vontade são seus instrumentos e nenhum cristão deve assumir o crédito pessoal pelo que Deus faz por meio dele. Nenhum pincel que foi usado para pintar assume o crédito por uma obra-prima. Nenhum violino, o crédito pela bela música que o músico faz com ele. Da mesma forma, um cristão não deve negar ou diminuir o que Deus fez por meio dele, pois isso seria negar e diminuir o próprio trabalho de Deus.

REFLETINDO SOBRE O TEXTO

8. Um cristão contemporâneo pode dizer: "Por que devo me envolver no ministério? É para isso que pagamos o pessoal da igreja! Quanto a todas essas solicitações de dinheiro, eu gostaria de ajudar, mas tenho contas para pagar. Além disso, a igreja parece se virar bem, quer eu dê, quer não." Como você acha que os crentes listados em Romanos 16 responderiam a isso?

....

....

....

....

....

9. Imagine-se sentado entre os crentes em Roma enquanto a carta de Paulo era lida pela primeira vez. Como as palavras deste capítulo final poderiam ter afetado você e seus irmãos e irmãs? Por quê?

....

....

....

....

10. Agora que você concluiu este estudo de Romanos, releia algumas das passagens. Escreva uma breve doxologia autoral, expressando sua gratidão a Deus por tudo o que ele fez em sua vida por meio de Cristo.

....

....

....

....

COMO DEVO RESPONDER?

Anote suas reflexões, seus questionamentos ou uma oração, caso se sinta à vontade para fazê-lo.

ANOTAÇÕES

Este livro foi impresso pela Vozes, em 2025,
para a Thomas Nelson Brasil. O papel do miolo é
polen bold 70 g/m^2, e o da capa é cartão 250g/m^2.